지구의 어머니
가이아가 들려주는
땅과 바다, 생명이야기

루카 노벨리 글·그림 | 박서경 옮김

샨수리

상수리 출판사

상수리나무는 가뭄이 들수록 더 깊게 뿌리를 내리고
당당하게 서서 더욱 풍성한 열매를 맺습니다.
숲의 지배자인 상수리나무는 참나뭇과에 속하고, 꿀밤나무라 불리기도 합니다.
성경에 아브라함이 세 명의 천사를 만나는 곳도 상수리나무 앞이지요.
이런 상수리나무의 강인한 생명력과 특별한 능력을 귀히 여겨
출판사 이름을 '상수리'라고 했습니다.
우리 어린이들에게 상수리나무의 기상과 생명력을 키우는
좋은 책을 계속 만들어 가겠습니다.

"공간, 시간, 우주는 어려서부터 관심을 갖게 되는 것들이다."
— 알베르트 아인슈타인 —

어린이 STEAM 시리즈를 내놓으며

스토리텔링 방식으로 일부러 외우지 않아도 창의력과 지식이 쌓이는 STEAM 책!

스팀(STEAM)은 과학(Science), 기술(Technology), 공학(Engineering), 예술(Arts), 수학(Mathematics)이라는 알파벳 첫 글자를 따서 만든 말입니다. STEAM은 단순한 지식 교육에만 몰두하고 창의적 사고가 부족했던 기존의 교육법을 개선하려고 미국에서 고안해 낸 새로운 교육 방법입니다.

사실 STEAM 교육은 몇몇 교육 선진국에서 STEM에 인문·예술(Arts) 영역을 통합해 가르친 방식이었습니다. 다양한 문제를 해결하기 위해서는 창의적·과학적 관점과 더불어 인문·예술적 시각도 필요하기 때문이지요. STEAM 교육 활동은 학습에 대한 흥미를 높여 지적 만족감, 성취감을 갖게 하여 어린이 스스로 자기주도학습을 할 수 있도록 이끕니다.

정보 통신 기술이 급속도로 발달하면서 우리는 지금 4차 산업 혁명 가운데 있습니다. 빅데이터, 인공지능(AI), 사물인터넷(IoT), 증강현실(AR), 가상현실(VR) 등이 현실 속에 속속 실현되고 있습니다. 4차 산업은 고도의 창의적 사고와 융합적 관점을 요구합니다. 여러 가지 상황에서 부딪힐 수 있는 문제들을 해결하려면 조각난 지식을 한데 묶을 줄 알아야 하고, 다양한 관점에서 접근할 수 있어야 하지요. T자형 인재 즉, 하나의 전문성을 바탕으로 다른 분야도 폭넓게 확대하고 융합하는 인재를 요구하는 것입니다.

이런 능력은 짧은 시간에 만들어지지 않습니다. 그렇다고 이것저것 아무런 고민 없이 만든 지식들을 쉽게 받아들여서도 안 됩니다. 한번 자리잡힌 사고 방식은 쉽게 바뀌지 않기 때문입니다.

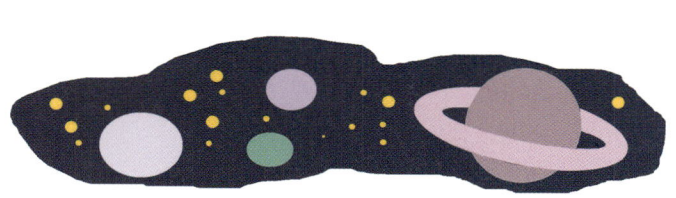

「어린이 STEAM 창의융합 사고력 시리즈」는 창의력과 융합적 사고를 시작해야 하는 어린이를 위해 기획되었습니다. 과학, 수학뿐만 아니라 사회 이슈, 인문학까지 폭넓게 다루되 꼭 필요한 정보만을 엄선하였습니다. 개별 교과서에서는 경험할 수 없는 주제와 내용을 엮어 어린이들이 다양한 사고력을 두루 접할 수 있도록 하였습니다.

숫자 0과 함께 떠나는 『숫자 0의 진짜 이야기』를 시작으로, 이번 편에는 신화 속 여신 가이아와 함께 지구를 탐험하는 『땅과 바다, 생명 이야기』를 내놓습니다. 어린이의 눈높이에서 가이아라는 캐릭터를 주인공으로 등장시켜 지구의 탄생부터 생명체의 형성과 진화, 우주 여행까지 함께하는 이야기입니다. 아직도 밝혀져야 할 것이 많은 우주 속 지구 이야기는 어린이들이 제일 관심 있어 하는 분야입니다. 그만큼 다루어야 할 것도 많고 학문적 깊이도 상당합니다. 어린이의 학습 수준과 교과 과정을 고려하여 필요한 정보만을 핵심 정리했습니다. 역동적이고 변화무쌍한 지구가 들려주는 이야기를 따라 가다 보면 다양한 상식과 창의력 사고를 두루 기를 수 있습니다.

이 시리즈는 미래 산업에 필요한 인재가 되는 기초적인 소양을 키워 통합·융합적으로 세상을 바라보는 눈도 갖게 될 것입니다.

편집부

어린이 STEAM 시리즈를 내놓으며 _ 4

 **지구 탄생의 신비**
크고 둥근 지구의 대지 _ 14
지구는 어떻게 태어났을까 _ 18
지구의 위성인 달의 탄생 _ 22

 **팽창하고 변화하는 지구**
꼭 붙어 있으려는 원자들 _ 28
생명의 설계도, DNA _ 32

 **태양과 함께 시작된 변화**
엽록소의 발명 _ 38
숨 쉴 수 있는 공기가 생겼어 _ 42

4장 진화하는 지구

최초의 동물, 해면 _ 46
진화를 거듭한 피카이아의 등장 _ 52
도와줘! 거대한 전갈들 _ 56
지구에 닥친 큰 시련, 대멸종 _ 60

5장 생명을 품은 지구

양서류에서 파충류까지 _ 66
공룡의 제국 _ 70
사라진 공룡, 풍부해진 동물의 세계 _ 74
드디어 만나게 된 인류 _ 78

캐릭터와 출연자를 소개합니다! _ 84
호기심과 창의력 해결을 위한 STEAM 읽기 _ 96

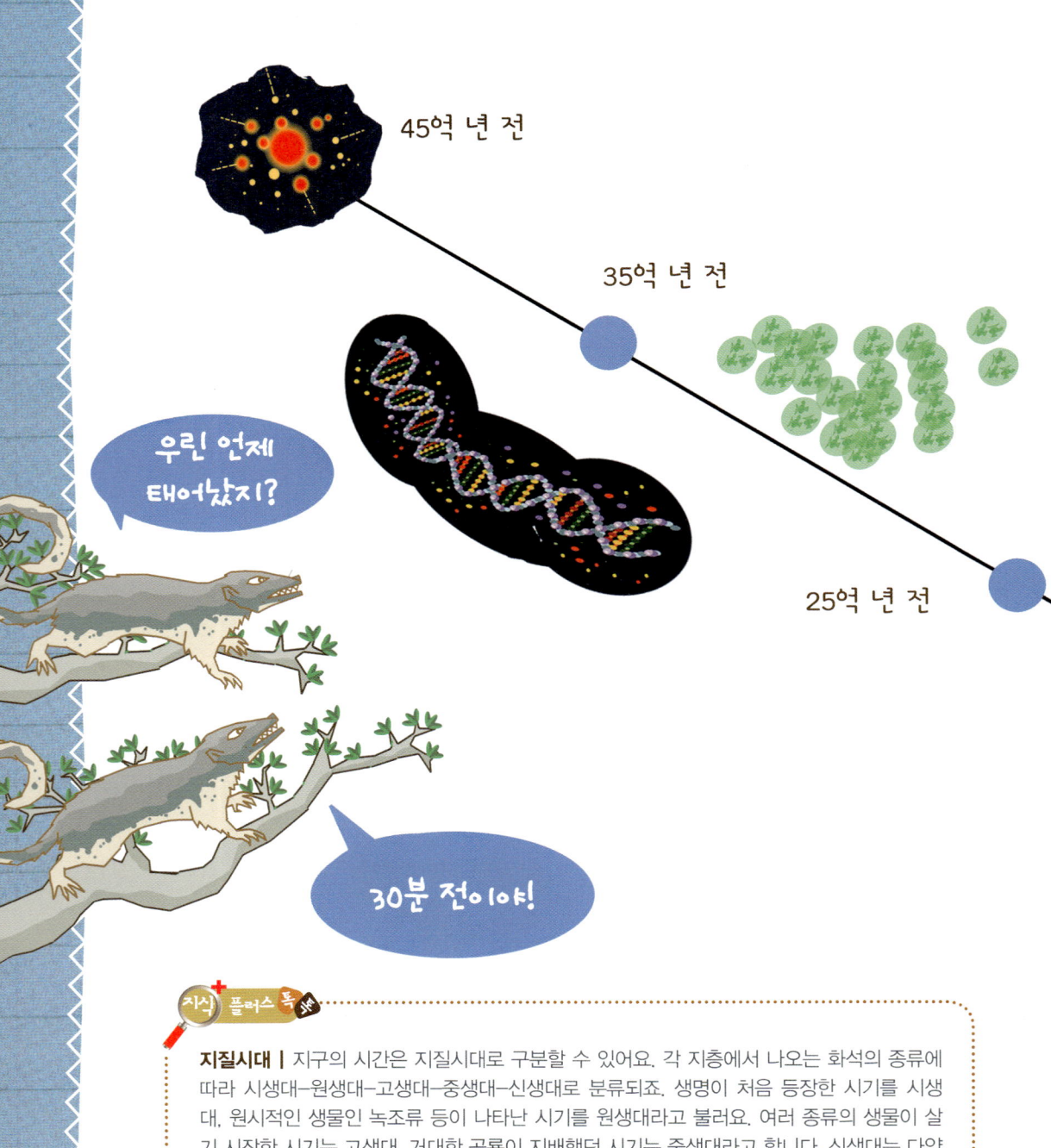

지질시대 | 지구의 시간은 지질시대로 구분할 수 있어요. 각 지층에서 나오는 화석의 종류에 따라 시생대-원생대-고생대-중생대-신생대로 분류되죠. 생명이 처음 등장한 시기를 시생대, 원시적인 생물인 녹조류 등이 나타난 시기를 원생대라고 불러요. 여러 종류의 생물이 살기 시작한 시기는 고생대, 거대한 공룡이 지배했던 시기는 중생대라고 합니다. 신생대는 다양한 포유류가 등장하면서 인류가 탄생한 시기예요.

만약에 지구의 역사를 24시간이란 긴 하루에 비유한다면, 인류가 나타난 시간은 마지막 몇 초에 불과하답니다.

지구의 역사를 여러분이 쓰는 자에 비유한다면, 여러분과 닮은 최초의 인류인 호모 사피엔스가 나타난 시기는 자의 맨 끝의 1,000분의 1밀리미터 자리가 될 거예요.

우린 여기에 있어

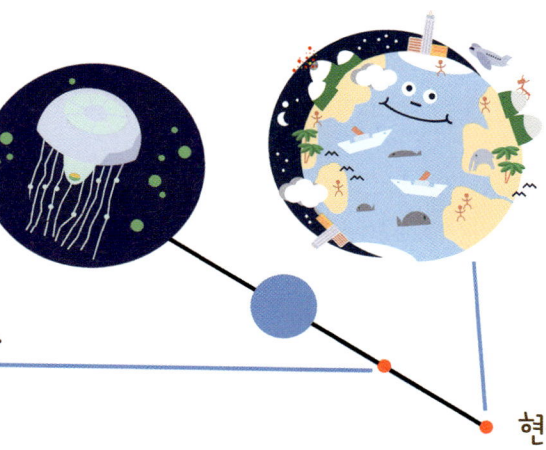

15억 년 전

현재

그동안 지구는 여러 가지 이름으로 불렸어요.
가이아라는 이름은 산, 물, 그리고 모든 생명체를 창조한
신을 섬겼던 고대의 현자들에 의해 지어졌어요.

한눈에 살펴보는 지질시대 연대표

대	기	세	발생 연대	대표 생물
시생대			38억 년 전~25억 년 전	균류
원생대			25억 년 전~5억 7천만 년 전	해조류
고생대	캄브리아기		5억 7천만 년 전~5억 1천만 년 전	삼엽충, 양서류, 파충류
	오르도비스기		5억 1천만 년 전~4억 3천만 년 전	
	실루리아기		4억 3천만 년 전~4억 8백만 년 전	
	데본기		4억 8백만 년 전~3억 6천만 년 전	
	석탄기		3억 6천만 년 전~2억 8천 6백만 년 전	
	페름기		2억 8천 6백만 년 전~2억 4천 5백만 년 전	
중생대	트라이아스기		2억 4천 5백만 년 전~2억 8백만 년 전	공룡, 암모나이트, 시조새
	쥐라기		2억 8백만 년 전~1억 4천 4백만 년 전	
	백악기		1억 4천 4백만 년 전~6천 6백만 년 전	
신생대	제3기	팔레오세	6천 6백만 년 전~5천 8백만 년 전	포유류
		에오세	5천 8백만 년 전~3천 6백만 년 전	
		올리고세	3천 6백만 년 전~2천 3백만 년 전	
		마이오세	2천 3백만 년 전~5백 3십만 년 전	
		플라이오세	5백 3십만 년 전~1백 6십만 년 전	
	제4기	플라이스토세	1백 6십만 년 전~1만 년 전	인류
		홀로세	1만 년 전~현재	

내 이야기가 바로 여러분의 이야기예요!

1장

지구 탄생의 신비

크고 둥근 지구의 대지
지구는 어떻게 태어났을까
지구의 위성인 달의 탄생

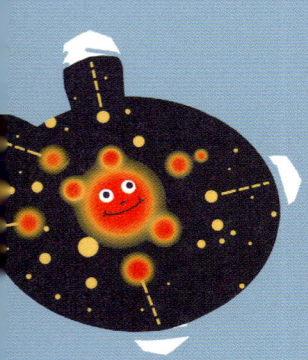

 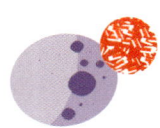

크고 둥근 지구의 대지

내 이야기가 바람이나 바다가 내는 소리, 아니면 번개 뒤에 따라오는 천둥소리처럼 들리면 좋겠어요. 하지만 여기서는 여러분이 이해하기 쉽도록 사람의 언어로 이야기할게요. 먼저, 여러분이 어디에 있든 나와 아주 가까이 있다는 걸 경고해 둬야겠어요.

나는 어디에든 존재하고 있답니다. 여러분 아래에도 있고 여러분 주위에도 있어요. 가만히 들어 보세요.

지구의 내부는 어떻게 생겼을까요? | 지구 내부는 지각, 맨틀, 외핵, 내핵으로 이루어졌어요. 지각은 지구의 겉을 싸고 있는 가장 얇은 층이에요. 두꺼운 대륙 지각과 얇은 해양 지각으로 구성되었죠. 맨틀은 고체 상태로 지각 밑에서 단단히 층을 이루고 있어요. 지구의 대부분을 차지하죠. 맨틀 밑에 있는 외핵은 액체 상태인 반면 내핵은 고체예요. 외핵에서 지구 자기장이 만들어지는데 우주의 방사선으로부터 지구를 보호하는 역할을 해요. 내핵은 5,500도 정도로 뜨겁고 태양 온도와 비슷해요.

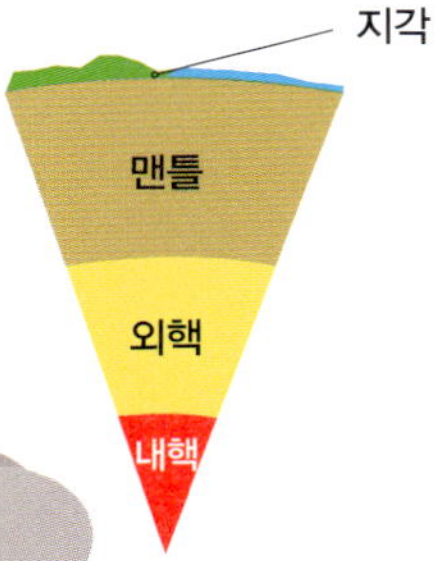

내가 가이아예요!

이제 나는 여러분이 서 있는 풀밭 바로 아래에서, 여러분이 다니는 학교 건물 밑 또는 여러분이 사는 마을의 땅 아래에서 여행을 시작할 거예요.

나는 티끌이자 암석이고, 모래이면서 돌이기도 해요. 산과 빙하이기도 하고, 바다이자 **대양**이기도 하죠.

겉은 평온해 보이지만 내 깊숙한 곳은 금속도 녹일 수 있는 마그마로 이루어져 있어요. 실제로 여러분이 서 있는 발아래로 몇 킬로미터만 내려가도 뜨거운 김을 내뿜는 용암의 바다가 있답니다. 그게 바로 나예요. 무엇이든 나와 닿으면 바로 다 녹아 버려요.

그래도 걱정하지 마세요. 높은 열로 인해 눈부시게 밝은 빛이 뿜어져 나오긴 해도 자주 폭발하지는 않아요. 평소엔 그렇게 심술궂지 않거든요. 오히려 그 반대예요.

대양 | 전 세계의 바다 중에서 특히 넓은 바다를 이르는 말이에요. 태평양, 인도양, 대서양을 기본 3대양으로 부르고 북극해와 남극해를 추가해 5대양으로 분류하기도 합니다.

천동설 대 지동설 | 옛날 사람들은 지구를 중심으로 하늘의 별들이 돈다는 천동설을 믿었어요. 그러나 사실은 스스로 도는 운동, 즉 지구의 자전 때문에 움직이지 않는 천체가 움직이는 것처럼 보였던 거예요. 지동설은 태양이 우주의 중심에 있고 나머지 행성들이 주위를 돈다는 이론인데 코페르니쿠스가 주장했어요. 갈릴레오 갈릴레이가 망원경으로 천체를 관측하고 이후 요하네스 케플러와 아이작 뉴턴 같은 과학자들이 증명하면서 지동설이 옳다는 것이 밝혀졌어요.

옛날 사람들은 내가 크고 납작한 빵처럼 생겨서 우주 공간에 매달려 있다고 생각했어요. 그러면 항해하던 배들이 지구 가장자리에서 툭 떨어져 끝없는 우주로 빠졌을 테죠.

또 다른 사람들은 거대한 거북이의 등에 있는 거인의 어깨에서 쉬고 있는 나를 상상하기도 했어요.

도와줘!

좀 더 지혜로운 사람들은 내가 둥근 모양이지 않을까 짐작했어요. 지금은 우주나 달에 가면 내 모습을 다 볼 수 있어요. 위성은 한 시간 정도면 내 주위를 한 바퀴 다 돌 거예요. 여객기로는 몇 군데 공항에서 멈추었다 와도 이틀이면 출발점으로 되돌아올 수 있어요.

걷기 좋아하는 친구가 내 불룩한 허리 부분을 바다가 없이 걸어서 돈다면, 3년이면 한 바퀴를 다 돌 수 있을 거예요.

지구 둘레를 잰 최초의 과학자! | 최초로 지구 둘레를 계산한 사람은 약 2,200년 전에 살았던 알렉산드리아의 도서관장 에라토스테네스라고 해요. 그는 우연히 우물 속 막대기의 그림자를 계산하다가 지구의 둘레를 밝혀냈어요. 그가 계산한 지구 둘레는 약 46,250킬로미터인데 오늘날 정밀한 과학 기구로 측정한 지구 둘레인 40,074킬로미터와 큰 차이가 없을 정도예요.

 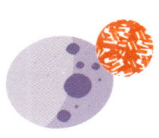 ## 지구는 어떻게 태어났을까

난 태양계의 세 번째 행성이에요.

나는 행성이에요. 중심 별의 주위를 도는 천체랍니다. 나는 친구들과 많이 달라요. 수성은 태양과 가장 가까이 있어서 절반은 꽁꽁 얼어 있고 다른 절반은 이글이글 불타고 있어요. 금성은 해로운 가스 구름에 늘 둘러싸여 있고, 화성에는 붉은 사막만 펼쳐져 있고 대기는 없답니다. 목성은 부풀어 오른 풍선에 지나지 않아요. 물질보다 가스가 더 많거든요.

휴!

목성   화성   지구

더 멀리 있는 행성들에 관해서는 별로 이야기해 줄 것이 없어요. 모두 꽁꽁 얼어붙었고 캄캄하니까요.

나는 숲과 초록빛 평원을 품고 있어요. 생명체들로 가득한 호수와 바다도 함께 품고 있지요. 다 여러분들을 위해 만들어진 세상 같아요. 모든 생명체들 가운데 가장 최근에 내 품에 안긴 여러분들, 바로 사랑하는 인간을 위해서인 거죠.

여러분들은 내 표면 위, 즉 지구 대부분의 지역에서 살 수 있어요. 그러나 내 모습이 예전에는 지금과 아주 달랐죠. 나는 여러분같이 이상하고 우습게 생긴 존재들이 내 피부 위에서 뛰어다니며 살아갈 거라고는 전혀 예상하지 못했답니다.

태양계 행성 │ 태양을 중심으로 도는 모든 천체들을 태양계라고 해요. 태양계의 행성으로는 수성, 금성, 지구, 화성, 목성, 토성, 천왕성, 해왕성이 있습니다.

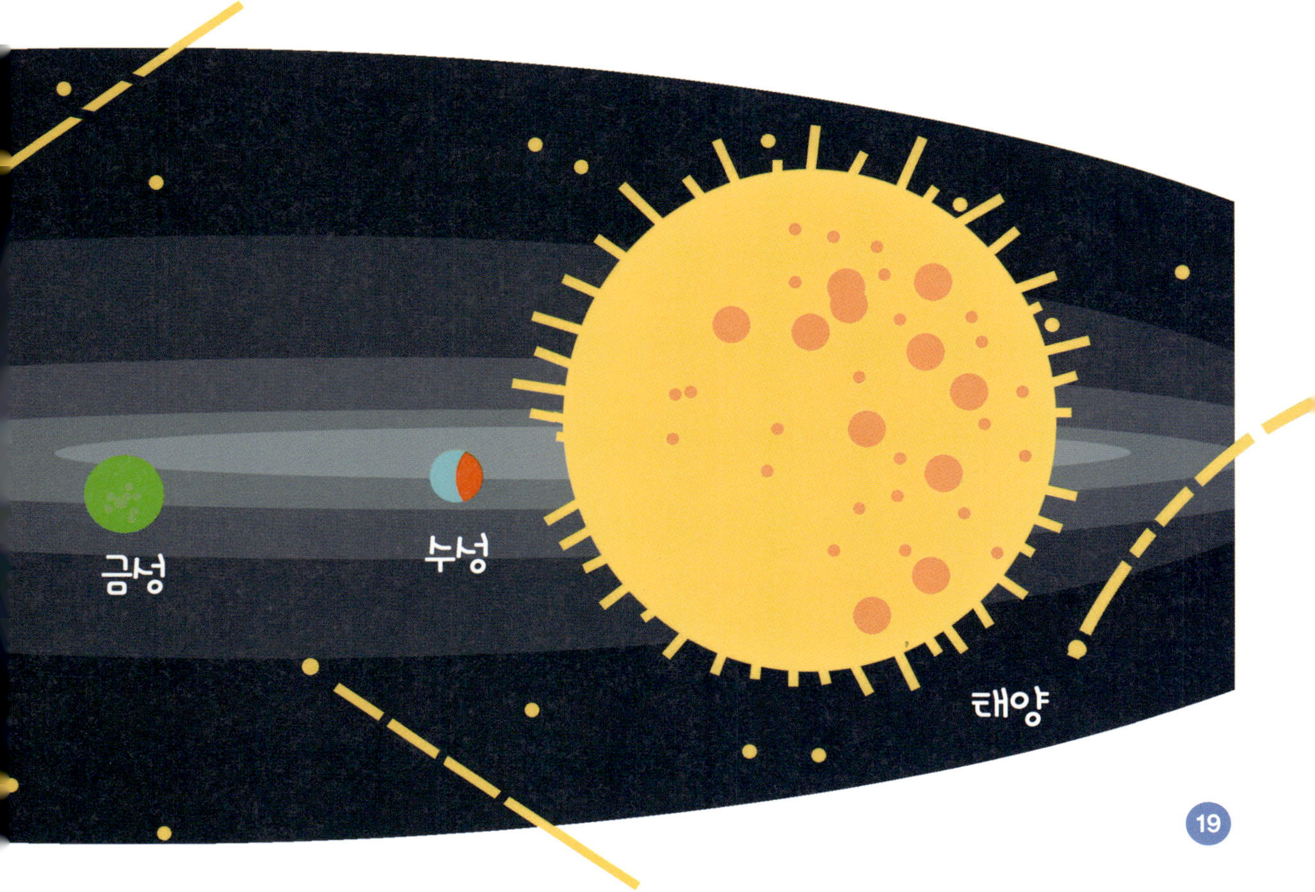

처음에 난 별에서 떨어진 먼지 알갱이에 불과했어요. 태양 주위를 도는 거대한 구름 더미 속에 들어 있는 조약돌이었어요. 나는 주위에 있는 다른 알갱이들을 끌어당겼어요. 점점 커지고 무거워졌지요. 그러다가 어느 순간 나는 눈부시게 밝은 빛을 내뿜는 거대한 공으로 변했어요.

나는 매력적인 알갱이예요!

지식 플러스 톡

지구의 나이는 몇 살일까요? | 현재 우리가 알고 있는 지구 나이는 45억 살이에요. 지구 화학자 클레어 패터슨에 의해 알려졌어요. 암석 속의 방사성 원소를 측정한 결과 약 45억 5천만 년이라는 사실이 밝혀진 것이죠. 방사성 원소는 시간이 지나면서 원자량이 감소하는데 지질학이나 고고학 분야에서 이를 측정하여 암석이나 유적의 연령을 알아내는 데 사용해요. 그 덕분에 지구의 나이도 밝혀지게 되었죠.

태양 주위에 있던 우주 먼지와 가스 구름이 서서히 사라졌어요. 이 구름에서 화성과 금성, 그리고 다른 행성들도 만들어져 지금의 태양계를 이루게 되었답니다.

내 첫 모습이 어땠는 줄 아세요! 지옥에 있는 것 같았어요. 표면은 붉은데다 시커멓기까지 했으니까요. 45억 년 전의 일이랍니다.

 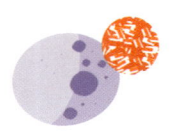 # 지구의 위성인 달의 탄생

소행성 | 주로 화성과 목성 사이의 궤도에서 태양의 둘레를 도는 작은 행성을 말해요. 현재까지 수십만 개가 넘는 것으로 알려졌는데 매년 새로 수천 개씩 발견되고 있어 그 수를 정확히 알 수 없어요.

태양 주위에는 엄청난 혼돈이 있었답니다. 행성들과 **소행성**들은 아직 계속 돌 궤도를 찾지 못하고 있었고, 운석과 혜성들은 매일 내 위로 떨어져 내렸어요. 그러던 어느 날 정말 위험한 사건이 발생했어요. 지구만큼이나 큰 거대한 소행성이 나를 향해 달려오고 있었거든요.

꽝 충돌할 경우 지구의 종말이었고, 나도 끝장났을 거예요. 내 이야기를 시작도 하기 전에 말이에요. 그런데 다행히도… 그 거대한 천체는 나를 솔로 쓸듯이 스쳐… 피부만 벗겨졌어요.

아야!

피부는 내 얼굴을 덮고 있는 지각이에요. 지각 가운데 더 가볍고 금속 성분이 거의 없는 부분이 떨어져 나가 우주로 날아갔어요. 그 조각이 내게 이끌려 내 주위를 도는 천체로 탄생했지요. 여러분들도 아주 잘 알 거예요. 그녀는 달이랍니다.

내 딸인 달은 나의 유일한 위성이 되었어요. 그 이후로 우리는 궤도에 진입해 함께 태양 주위를 돌며 공전하고 있답니다. 40억 년 전에 추기 시작한 춤을 아직도 우리는 계속 추고 있는 거지요.

그 충돌은 달만 만든 게 아니라 24시간마다 회전하는 축의 경사도도 바꾸었답니다. 경사도가 바뀌면서 계절의 변화가 왔고, 양 **극지방**에는 빙하가 만들어졌어요.

극지방 | 남극과 북극을 중심으로 한 그 주변 지역이에요. 극지방은 1년 중 대부분이 겨울이고, 여름은 아주 짧아요. 여름도 땅만 살짝 녹을 뿐 대부분 영하로 꽁꽁 얼어 있어요.

지식 플러스 톡

달을 밟은 최초의 지구인, 닐 암스트롱 | 1950년대부터 미국과 구소련은 서로의 자존심을 걸고 우주 개발 경쟁을 벌였어요. 수많은 시도 끝에 1969년 7월 16일 미국의 아폴로 11호가 달을 향해 출발했어요. 선장 닐 암스트롱과 마이클 콜린스, 에드윈 올드린 주니어를 싣고 말이죠. 마침내 7월 20일 닐 암스트롱이 달을 밟는 첫 번째 영광을 누렸습니다. 그리곤 역사에 남을 유명한 말을 남겼어요.
"이것은 한 사람의 발걸음에 불과하지만 인류에게는 위대한 도약으로 남을 것입니다."
닐은 뒤이어 내린 올드린과 함께 2시간 30분 동안 암석과 토양 표본을 채취하고 과학 기기들을 설치했어요. 그리고는 다음 날인 7월 21일 달을 떠나 무사히 지구로 돌아왔습니다.

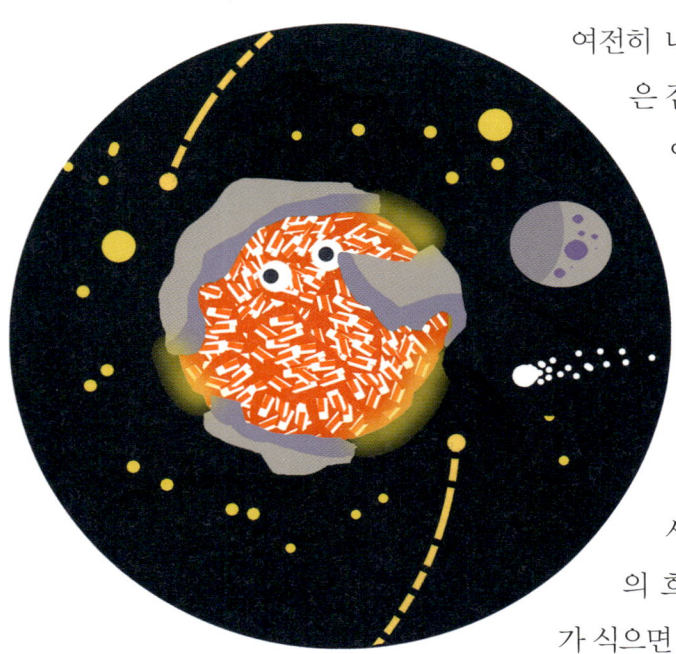

여전히 나는 불타고 있었지만, 표면의 지각은 점점 굳기 시작했어요. 서서히 대륙들이 모습을 드러냈어요. 용암의 바다에 떠 있는 거대한 바위 섬들이었지요.

바위 섬들은 그냥 떠 있기만 한 게 아니었어요. 네… 그들은 움직이고 꽝 부딪쳤어요. 내 중심부에서 시작해 표면까지 밀려 올라온 마그마의 흐름에 따라 그들은 운반되고 흐르다가 식으면 다시 마그마 속으로 쑥 들어가고….

동시에 엄청난 양의 운석과 혜성이 우주에서 계속 떨어졌습니다. 이 운석들은 수분을 매우 풍부하게 머금고 있었어요. 그 물이 모여 바다가 되고 수증기가 많은 원시 대기를 만들었어요.

마침내 마그마가 바위로 된 지각에서 사라졌습니다. 그러자 놀라운 풍경이 펼쳐졌습니다. 검은 구름과 바다와 거대한 화산이 생겼어요. 끔찍한 폭풍우가 와서 번개가 내리치고 폭우가 쏟아졌지만 살아 있는 생명체는 전혀 없었어요. 산소도 없었지요.

이런 상태로 수백만 년이 흘렀어요. 그러던 어느 날, 번쩍이는 번개와 연기, 뿜어져 나오는 수증기 사이에서 깜짝 놀랄 현상이 발생했답니다. 나도 미처 몰랐던 일이에요.

지식 플러스 톡

행성의 충돌로 생긴 원시 대기와 마그마 | 원시 지구는 크기도 지금보다 작고 매우 뜨거운 불덩이였어요. 주변의 작은 행성과 끊임없이 충돌하면서 지구는 점점 커지기 시작했죠. 행성과 충돌이 발생할 때마다 엄청난 에너지가 뿜어져 나와 지구의 대기는 수증기와 이산화탄소, 메탄 등으로 채워졌어요. 또한 충돌 에너지는 지구를 녹여서 마그마의 바다를 만들었죠. 이산화탄소로 뒤덮인 대기 때문에 지구는 온실효과를 일으켜 온도도 높았습니다. 그러나 점차 충돌이 줄어들면서 지구는 식기 시작했고 대기 중의 수증기가 비로 변해 바다를 만들었어요. 이제 드디어 생명을 품을 준비를 시작한 것이죠.

2장

팽창하고 변화하는 지구

꼭 붙어 있으려는 원자들
생명의 설계도, DNA

꼭 붙어 있으려는 원자들

원소 | 물질을 이루는 구성 성분을 원소라고 합니다. 생명을 유지하는 데 꼭 필요한 물을 예로 들어 볼까요? 물은 수소와 산소로 결합되어 있어요. 수소와 산소는 더 이상 다른 물질로 나누어지지 않는 기본 성분 즉, 원소지요.

내 몸은 옛날이나 지금이나 단단한 암석과 암석이 녹은 마그마, 그리고 물과 가스로 이루어져 있어요. 이 물질들은 모두 원자로 만들어졌지요. 원자는 가장 작은 입자예요.

여러분들이 만지고 보고 숨 쉬는 모든 것들은 원자로 이루어져 있어요.

우주에는 92가지 종류의 물질이 있는데, <u>원소</u>라고 부른답니다. 탄소는 물론 산소나 질소, 수소도 원소예요. 철, 은, 금도 마찬가지로 원소랍니다.

원자는 혼자 있는 것을 좋아하지 않아요. 가능한 한 빨리 다른 원자와 결합하려고 해요. 같은 원자끼리 만나 '분자'를 만들기도 하고 다른 원소의 원자와 쌍을 이루기도 한답니다.

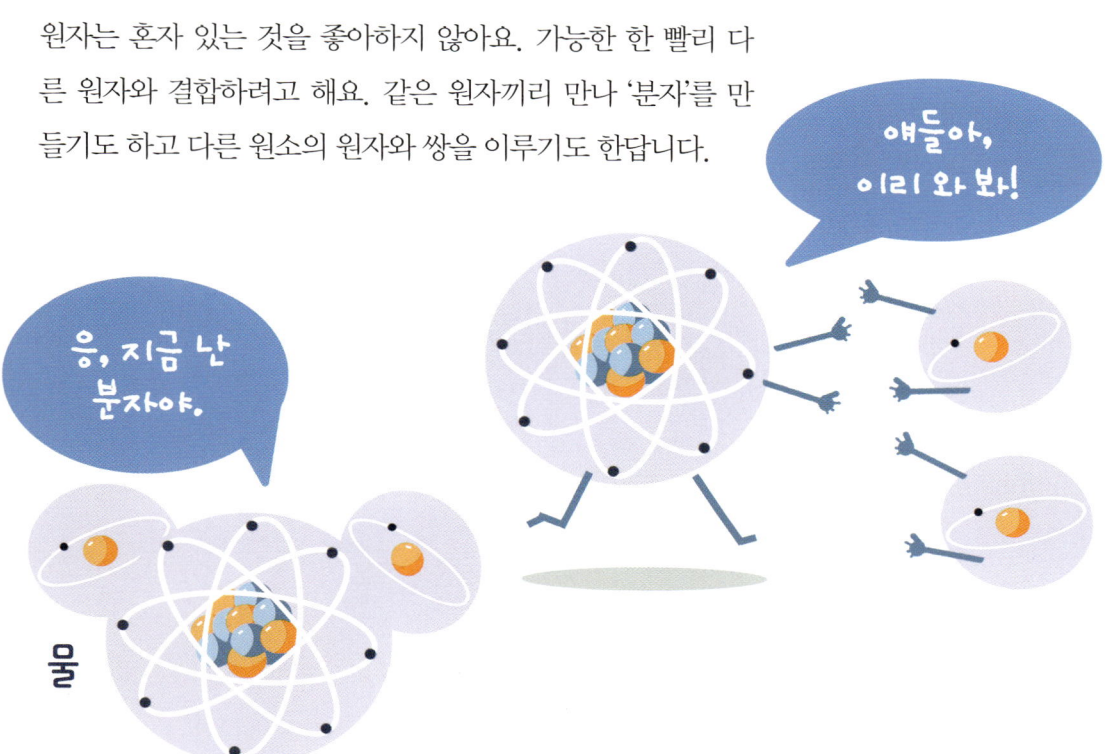

원자들이 만나면 '물'처럼 고유한 성질을 가진 분자가 된답니다.

분자들도 서로 만나면 또 반응을 해서 단순한 형태든 복잡한 형태든 새로운 분자를 만들어 내지요. 이러한 화학 반응은 우주 어디에서든지 항상 일어나는 일들이랍니다. 그런데 나의 바닷속 따뜻한 물속에서는 새로운 유형의 반응이 일어났어요.

아주 특별한 분자가 다른 원자와 그 주위에 있는 분자들을 끌어당겼어요. 그것은 긴 실처럼 변했어요. 꽤 호감이 가는 구불구불한 모양이었어요.

그런데 그 실처럼 생긴 섬유는 분해되어도 쪼개진 조각들이 다시 자라 점점 커졌어요. 그리고 다시 쪼개졌어요. 놀라운 일이었죠. 심지어 일정한 모양도 갖추었어요. 그리고 적절한 조건이 주어지자 성장하고 번식하기 시작했어요.

생명의 설계도, DNA

세포의 발견 | 1665년 영국인 로버트 훅에 의해 세포가 관찰되었어요. 그는 코르크 덩어리에서 세포를 발견하고는 영어로 셀(cell) 즉 우리말로 세포라는 이름을 지어 주었어요. 그 후 네덜란드 출신의 과학자 레벤후크가 자신이 만든 현미경을 통해 우리 주변이 세포로 만들어진 수많은 생물들로 가득 차 있음을 확인했답니다.

이 특별한 섬유들은 바다 밑 화산 입구에서 나오는 기포 속에서 자랐어요. 시간이 지나면서 거품과 섬유는 하나가 되어 지금의 '세포'와 비슷한 것이 되었답니다. 각각의 섬유는 가지고 있던 물질들을 이용해 성장하고 쪼개지며 새로운 '거품 세포'를 만들어 낼 수 있었어요.

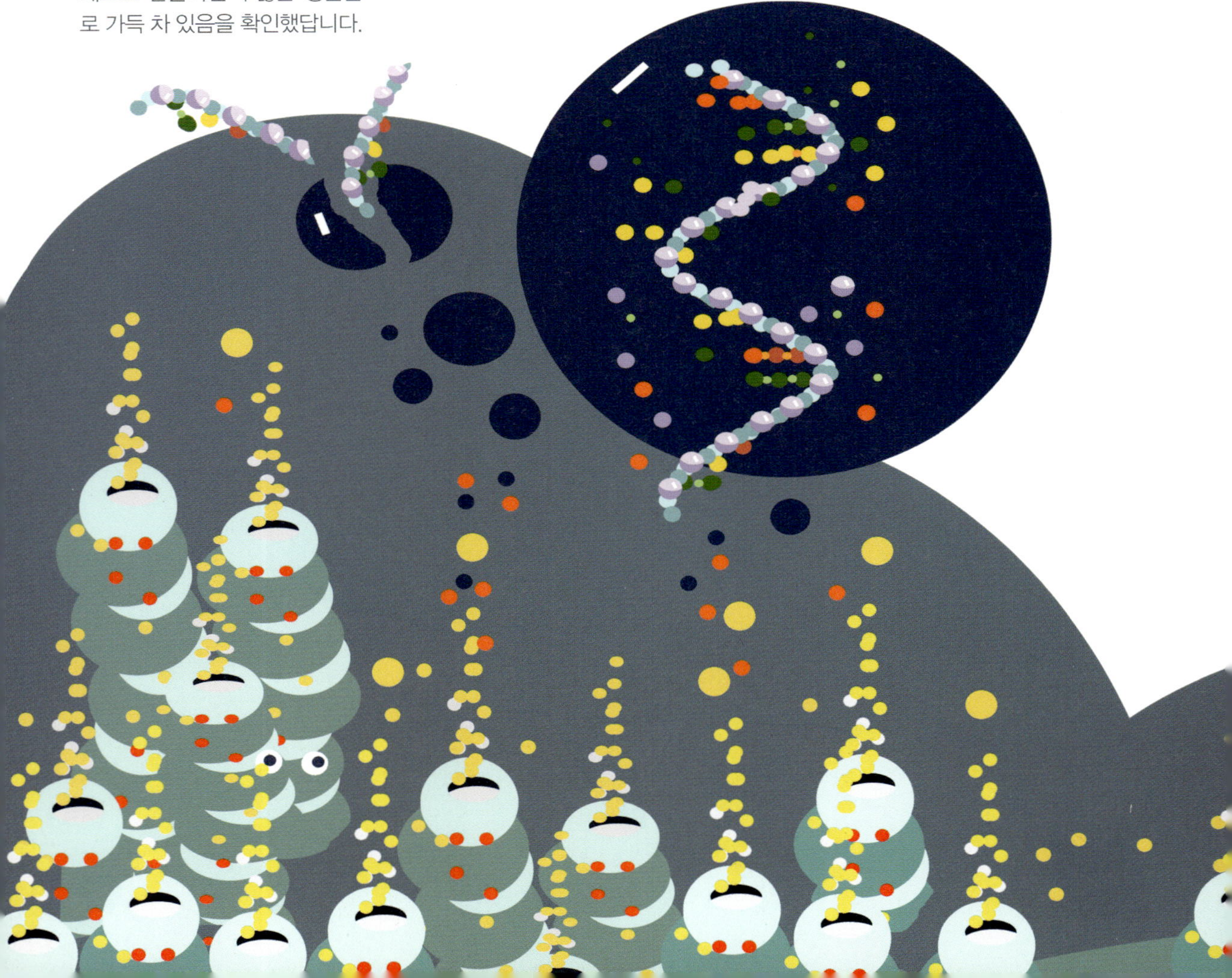

어느 날, 이 섬유 중 하나가 나선형 계단(또는 이중 나선) 같은 특별한 형태를 갖추게 되었어요. 사람들은 그것을 DNA라고 부를 거예요.

그것은 너무도 완벽했고 기능적이었기 때문에 그 후 35억 년 동안 발생한 갖가지 사건들 속에서도 적응하며 생존할 수 있었어요.

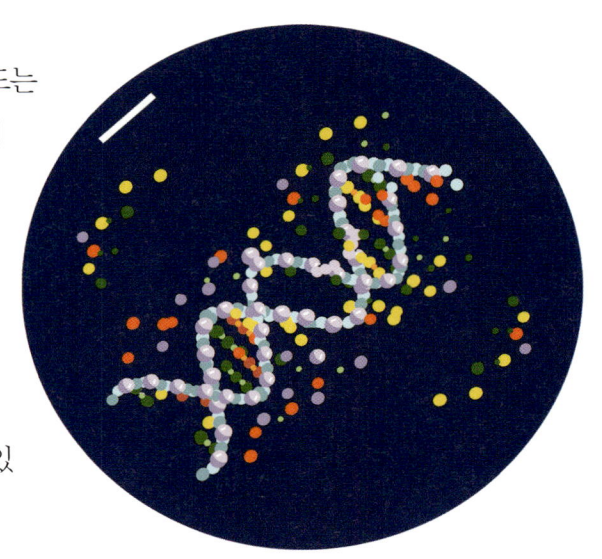

유전자 법칙은 언제 발견했을까요? | 유전학의 아버지로 불리는 사람은 오스트리아의 자연과학자 그레고어 멘델입니다. 1865년, 그는 수도원의 한 정원에서 완두콩을 교배 실험하면서 유전자 법칙을 처음 발견했습니다. 그러나 당시 학계에서는 제대로 인정받지 못했지요. 옛날 사람들은 막연히 부모의 혈액이 섞여서 자손에게 전해진다고 생각했어요. 멘델의 실험은 부모 각자로부터 개별적인 특성을 이어받아 유전자 조합이 새로 이루어진다는 사실을 밝혀냈습니다. 그가 죽은 후 1900년이 되어서야 후대 과학자들에 의해 이 법칙이 입증되었고, 멘델의 이름을 기념하여 '멘델의 법칙'이라고 불리게 되었습니다.

그게 인생이라네, 친구들!

세포 분열 | 세포는 분열을 통해 수많은 세포를 생산해 냅니다. 한 개의 세포가 두 개의 세포로 갈라지면서 그 수가 많아지는 생명 현상을 세포 분열이라고 해요.

최초의 DNA 섬유와 그 DNA가 들어 있는 거품 세포에 여러분은 이런 이름을 붙여 주었어요. '모든 생물의 공통 조상'이라고요. 그는 지금까지 나와 함께 살아왔고 또 앞으로 살아갈 모든 생물의 특별한 조상이랍니다.

나는 이 아이가 너무 자랑스러워요. 나 같은 행성에서 생겨날 수 있는 것 가운데 가장 아름다운 존재예요.

섬유는 스스로를 복제해 두 개의 세포를 형성한 다음, 이 두 개의 세포는 차례로 분해되어 수십억 배가 되고 그렇게 **세포 분열**을 통해 오늘날 우리가 보는 수많은 다른 생명체들로 태어났어요.

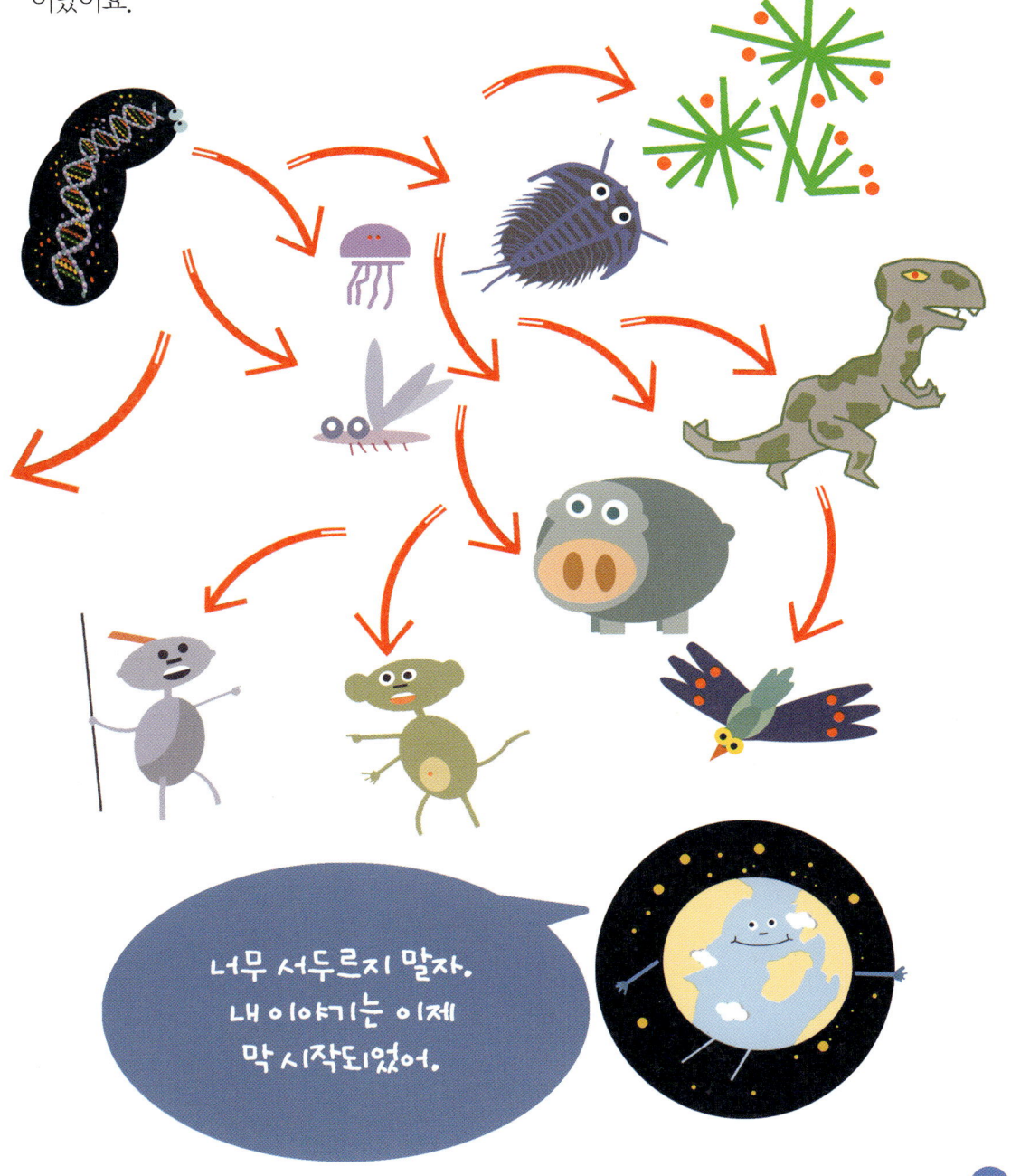

3장
태양과 함께 시작된 변화

엽록소의 발명
숨 쉴 수 있는 공기가 생겼어

엽록소의 발명

앞서 내게 일어났던 모든 일들은 어느 정도 예측 가능했습니다. 나는 천천히 식었고, 대륙들이 떠다니며 밑에 있던 마그마와 다시 섞였어요. 화산은 용암과 화산재 그리고 독성이 있는 가스를 내뿜었어요. 내 표면에는 혜성과 운석이 떨어져 내렸고요.

매일 일어나는 일들이야!

지구 대기의 구성 | 지구의 대기는 아래에서부터 대류권, 성층권, 중간권, 열권으로 나누어집니다. **대류권**은 지표면에서 높이 10킬로미터 정도의 영역으로, 구름과 비, 눈 등의 활발한 기상 현상이 발생하고 대기가 불안정해요. **성층권**은 고도 약 50킬로미터까지의 대기층으로 대류권과 중간권 사이에 있습니다. 태양 자외선으로부터 지구를 보호하는 오존층이 있어 생명체들이 안전하게 살 수 있도록 해 줍니다. 안정된 대기층이어서 일기 변화도 거의 없어요. **중간권**은 수증기가 없어 기상 현상이 나타나지 않아요. 대기층 중 가장 기온이 낮은데 지표면과 멀리 떨어져 있고 태양 에너지 영향도 적어 에너지원이 발생하지 않기 때문이지요. **열권**은 대기층 중에서 가장 위쪽에 자리한 층으로 태양의 상태에 따라 온도 변화가 심합니다. 열권에서 오로라가 발생해요. 붉은빛을 띨수록 높은 곳에서 생긴 것으로 초록빛 오로라보다 멀리서 관측됩니다.

그러던 어느 날, 깊은 바닷속, 용암과 뜨거운 가스가 뿜어져 나오던 해저화산 근처에서 변화가 일어났어요. 따뜻한 물속에 있던 아주 작은 기포 세포가 표면으로 떠올랐어요.

대기가 느껴졌어요. 그 당시 나를 둘러싼 공기에는 마셔서는 안 되는 가스가 섞여 있었어요. 기포 세포는 머리 위 멀리 높은 곳에 뭔가 뜨겁고 아주 강렬한 물체가 있는 것을 느꼈어요. 그 물체는 에너지를 내뿜고 있었는데, 처음 보는 것이었어요. 그 에너지는 계속 흘렀어요. 그렇지만 파괴적이지는 않았어요. 태양이었답니다.

시도해 보자.

우리는 함께 좋은 일을 할 수도 있어.

그 생명체는 **돌연변이**를 일으키고 환경에 적응하며 마침내 아주 특별한 기계(실제로는 큰 분자)가 되었답니다.

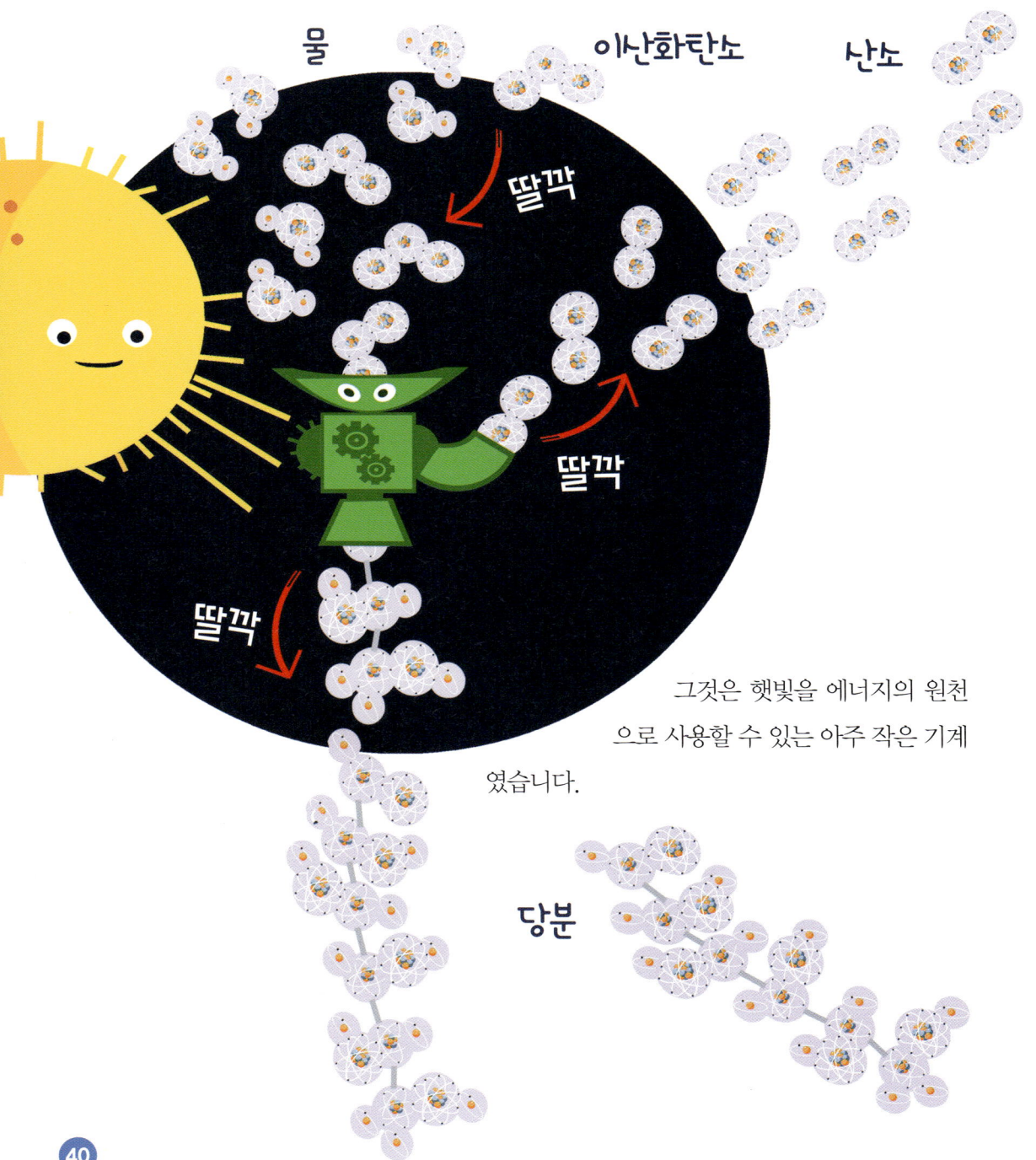

그것은 햇빛을 에너지의 원천으로 사용할 수 있는 아주 작은 기계였습니다.

이 기계는 물과 독성 가스(이산화탄소)를 쓸모 있고 먹을 수도 있는 것으로 바꿀 수 있었답니다. 바로 당분이에요!
이때 부산물로 가스를 발생시켰는데 당시로서는 매우 보기 드문 가스였어요. 여러분들이 매일 호흡하는 데 필요한 좋은 가스이죠. 사람들은 그것을 '산소'라고 불렀습니다. '엽록소'의 발명으로 지구의 삶은 더 달콤하고 즐거워졌습니다.

돌연변이 | 생물체의 유전자나 염색체 구조에 전에 없던 변화를 일으켜 그 자손에게까지 새로운 특징이 전달되는 현상이에요. 지금까지 연구된 결과에 의하면 지구의 생명체는 하나의 종에서부터 출발해 진화를 거듭하면서 다양한 종으로 나뉘어졌어요. 새로운 생명체들은 돌연변이를 통해 만들어진 셈이죠.

엽록소와 광합성 작용 | 식물의 잎은 지구 변화에 큰 도움을 주었어요. 잎은 엽록소라는 초록빛 물질을 품고 있는데 이 엽록소가 태양 빛을 흡수해요. 흡수 과정에서 공기 중의 이산화탄소와 물이 섞이면서 식물의 성장에 필요한 영양분인 포도당이 만들어집니다. 이것을 광합성 작용이라고 해요. 이때 식물에서 생명 유지에 필요한 산소를 공기 중에 내보내게 됩니다. 그 덕분에 산소 호흡을 하는 생명체들이 생겨났고, 대기 중의 이산화탄소도 감소되어 더욱 숨쉬기 편한 지구로 진화했어요. 광합성 작용은 보통 35도의 적당한 온도에서 빛을 강하게 받을수록 활발해집니다. 겨울보다 여름에 나무와 꽃들이 잘 자라는 것도 바로 광합성 때문이에요.

엽록소라고 불러요!

당분

와!

숨 쉴 수 있는 공기가 생겼어

미생물 | 눈으로 볼 수 없을 정도로 아주 작은 생물이에요. 곰팡이나 세균, 효모 등을 미생물이라고 해요. 1600년경에 현미경이 발명되면서 그 존재를 알게 됐어요.

단세포 조류 | 엽록소를 가진 미세한 세포로 만들어진 단세포 생물이에요. 물위든 물속이든 햇빛이 닿는 곳이면 어디서든 살 수 있어요.

엽록소 덕분에 미생물들은 수십 억 배로 늘어났어요.

그것은 단세포 조류였어요. 그의 자손들은 햇빛을 이용해 바다와 대양의 표면을 뒤덮을 정도로 불어났고, 많은 양의 산소를 만들어 냈답니다. 아직 그 산소로 호흡할 생명체는 없었지만요. 엽록소가 없는 모든 미생물들은 조류가 만들어 낸 당분과 엄청난 양의 먹이를 아주 좋아했어요.

냠냠!

예전에는 거의 보이지 않던 생명체들이 널리 퍼지기 시작했어요.

그리고 엽록소가 초록색이기 때문에 지구의 물도 녹색을 띠게 되었습니다.

4장

진화하는 지구

최초의 동물, 해면
진화를 거듭한 피카이아의 등장
도와줘! 거대한 전갈들
지구에 닥친 큰 시련, 대멸종

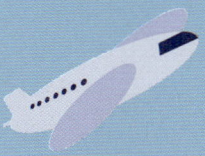

최초의 동물, 해면

활화산 | 지금도 활발하게 화산 활동을 하며 용암이나 재 등을 내뿜는 화산이에요. 옛날에 활동하다가 잠시 활동을 멈춘 화산은 휴화산으로 분류하기도 해요. 대부분의 활화산은 태평양 지역에 몰려 있어요.

조류에 의해 만들어진 공기 방울들은 오늘날의 대기와 비슷한 가스층을 형성했습니다. 호흡할 수 있는 공기였어요. 그 공기층은 또한 위험한 태양 광선으로부터 생명을 보호했습니다.

그러는 사이에, 내 표면에서 엄청난 일들이 벌어지고 있었어요. 북극에서 내려온 빙하들이 남극을 향해 돌진해 가더니 마침내 나를 완전히 덮어 버렸어요. 나는 거대한 눈덩이로 변했답니다. 수천 개의 활화산들이 눈덩이 속에서 여기저기 검은 얼룩을 만들었어요.

지구가 얼어붙었던 시기 | 지구는 여러 차례 빙하기를 겪으며 진화해 왔습니다. 그중에서도 원생대에 발생했던 '눈덩이 지구' 빙하기가 가장 혹독했죠. 눈덩이 지구는 1986년에 미국 캘리포니아 공대의 조 커쉬빙크 교수가 빙하에 의해 침식된 암석을 연구하던 중 사용한 용어예요. 지금으로부터 약 7억 5천만 년 전부터 5억 7천만 년 전의 시기를 말해요. 원래 적도는 뜨겁고 극지는 추운 법인데 당시에는 적도까지 빙하가 내려와 지구 전체가 얼음에 덮혀 버렸어요. 그러다가 화산이 뿜어 대던 이산화탄소와 가스가 온실효과를 일으키면서 빙하기에서 벗어날 수 있었어요. 그 과정에서 지구는 엄청난 환경 변화를 겪으면서 원생생물들이 대량 멸종되었고 새로운 생물들이 진화를 거듭하며 태어났어요.

얼음이 녹으면서 생명체들도 변화했어요. 돌연변이를 하고 어떤 방식으로든 행동을 하며 점점 똑똑해졌어요.

일부 단세포 생물들은 환경 변화에 더 잘 대처할 수 있는 방법을 발견했어요. 용기를 얻기 위해 그들은 뭉쳤어요. 뭉치니까 더욱 강한 존재가 되었습니다.

이렇게 수백만 년이 흘렀습니다. 여러 차례의 빙하기를 겪은 후 마지막 빙하기가 끝나면서 나는 깨어났어요. 생명체들은 물에서 나오려고 애쓰고 있었어요.

그런데 5만 명의 조류 친구들과 집단을 이루어 살던 어느 작은 조류가 물이 빠져나간 육지에 남게 되었어요. 그 조류는 새로운 환경에 적응했어요. 번식하며 새로운 집단을 만들기 시작했어요. 바로 이 땅에서 말이죠!

이 새로운 생명체에게 장애물이란 없었어요. 금방 넓은 평원을 정복하고, 물 밖에 드러난 땅들을 차지했답니다.

그 자손들은 지금도 수없이 많은 돌연변이를 일으키고 있는데 점점 더 복잡한 **유기체**가 될 것입니다. 이끼도 되고 풀, 관목, 야자수, 거대한 나무도 될 거예요. 지금 우리가 볼 수 있는 다양한 형태의 녹색 식물 즉, 햇빛을 활용해 영양분을 만드는 식물이 되는 것이지요.

그러나 오랫동안 땅에는 여전히 미끌미끌거리는 녹색 젤리 즉, 조류만 살고 있었습니다.

유기체 | 생명을 가진 생물을 뜻하는 말로, 생물처럼 전체를 구성하는 각 부분이 밀접하게 연결되어 서로 떼어 놓고 생각할 수 없는 조직을 의미해요. 유기체는 오래전 혹독한 환경의 지구에서도 살아남으며 점점 다양한 생명체를 키워 내는 역할을 했죠.

에헴!

해면 | 원시 동물인 해면은 팔과 다리가 없어 혼자 움직이지 못해요. 그래서 멍게나 게 같은 다른 동물이나 자갈, 바위 등에 붙어 살아요. 뼈도 없이 비교적 단순한 형태를 지니고 있어 아주 오래전부터 바다 환경에 적응할 수 있었어요. 신경 조직이 없어 아픔을 느끼지 못하고 눈이나 귀 같은 감각기관도 발달하지 않았죠. 발견된 해면 화석으로 미루어 보아 고생대의 캄브리아기부터 살았던 것으로 짐작돼요.

땅이 녹색으로 뒤덮힐 무렵, 나는 바다에서 '동물'이라고 부를 수 있는 최초의 생물체가 태어난 것을 보았어요.

그들은 지금의 바다에 살고 있는 **해면**과 비슷했어요. 바다 밑바닥에 들러붙어 살고 있었어요. 아무 일도 아니라는 듯, 쪼개졌다가 다시 재조립되고는 했어요. 그들은 물을 여과해서 물속 영양분과 해조류 그리고 다른 미생물들을 흡수했어요.

그들은 튜브 형태가 되기도 했고, 깔때기도 되었고 컵 모양이 되기도 했어요. 그래도 나는 그들을 그다지 눈여겨보지는 않았어요. 그들이 뭐 그리 위대한 일들을 해낼 수 있으리라고 여기지는 않았거든요. 그냥 해면이었으니까요.

그런데 내 표면에 있던 거대한 대륙이 조각조각 쪼개졌어요. 조각들은 천천히 여기저기로 흘러 움직였고, 빙하들도 양 극 지방에서 내려왔다가 다시 후퇴하기를 거듭했어요. 화산도 자주 유독 가스를 토했고, 혜성과 소행성들도 계속 떨어졌어요. 그렇지만 수백만 년 동안 새로운 일들은 일어나지 않았어요.
그런데 아주 놀라운 일이 발생할 조짐이 보였습니다.

진화를 거듭한 피카이아의 등장

포식자 | 생태계에 사는 모든 생물들은 서로 먹고 먹히는 관계 속에서 살고 있어요. 이 관계가 마치 사슬처럼 연결되어 있다고 해서 먹이 사슬이라고 불러요. 그 중에서 먹이를 위해 다른 동물을 사냥해 먹는 동물을 포식자라고 해요.

그것은 마치 불꽃놀이처럼 여기저기서 폭발하듯이 일어났어요. 놀라움의 연속이었지요. 수백만 년 만에 바다는 다양한 동물들로 북적북적하게 되었어요. 어떤 동물들은 아직도 바닥에 딱 붙어살고 있었지만 활발하게 움직이는 동물들도 많았습니다. 이 모두가 보잘것없어 보였던 해면에게서 생겨난 것이었어요. 그들 중에는 최초의 포식자도 있었고, 딱딱한 껍질로 무장한 생물도 처음으로 생겨났어요.

먹이와 살 공간에 대한 약간의 경쟁도 생겨났어요. 그 시대의 어떤 종들은 지금 보면 마치 우주의 다른 세계에서 온 것처럼 보이기도 할 거예요. 그들은 닥쳐올 커다란 돌연변이 상황 속에서 모두 살아남지는 못했을 거예요. 변화를 견딘 생명체들은 지금까지도 옛날과 비슷한 모습으로 살고 있답니다.
한 가지는 확실해요. 바다에 사는 생명체들이 훨씬 더 활기차졌다는 사실이에요.

5억 년 전, 깊은 바다에 살던 수많은 생물들 가운데에는 지렁이 비슷한 작은 동물이 있었어요. 그 생명체의 특징은 단단하고 곧은 밧줄 같은 것이 등줄기에 있는 것이었어요.

이 벌레에게 피카이아라는 이름을 붙여 주었습니다. 척추가 있는 모든 동물의 조상이에요. 나중에는 물고기, 공룡, 포유동물의 조상이 되었답니다.

나는 생명체들이 진화해 바다에서 퍼져 나가는 것이 정말 좋았어요. 그러나 땅은 여전히 텅 비어 있었답니다. 땅에서 선구식물들이 퍼지며 생산해 낸 산소를 마실 생명체는 아직 없었습니다.

그러던 어느 날, 파도가 물러간 개펄, 육지와의 경계에서 몇 마리 생물들이 진흙 속에 파묻었던 머리를 들어 올렸어요. 그리고 주위를 둘러보기 시작했어요.

오늘날의 거미와 노래기의 아주 먼 친척들이었어요. 천천히 그들은 육지에 적응했습니다. 물 밖에서 숨을 쉬기 시작하면서 그들은 물에서 빠져나왔어요. 지구 행성 탐험에 나선 것이었어요. 난 기꺼이 그들을 받아들이고 환영했지요.

선구식물 | 아무것도 없는 땅에 제일 처음 날아와서 자리를 잡는 식물이에요. 메마른 땅에 선구식물이 자라면서 양분을 뿌리면 땅이 비옥해지고 다른 식물들도 잘 성장할 수 있어요. 자라는 속도가 빠르고 수명도 짧은 편이에요. 주변에서 흔하게 보는 강아지풀이 대표적이에요.

지식 플러스 톡

척추동물 vs 무척추동물 | 생태계에서 동물을 나누는 가장 큰 기준은 척추인 등뼈예요. 등뼈가 있으면 척추동물, 없으면 무척추동물이에요. 척추동물의 조상은 누구일까요? 바로 캄브리아기에 멸종된 피카이아예요. 크기는 4센티미터 정도였어요. 피카이아의 등장으로 포유류, 조류, 파충류, 양서류, 어류 등이 탄생할 수 있었고, 인류의 진화도 이루어졌습니다.
이에 반해 무척추동물은 동물계의 90% 이상을 차지할 정도로 그 수도 많고 크기도 다양해요. 무척추동물은 외형과 생활 방식 등에 따라 극피동물, 절지동물, 환형동물, 연체동물, 편형동물, 강장동물 등으로 분류할 수 있어요.

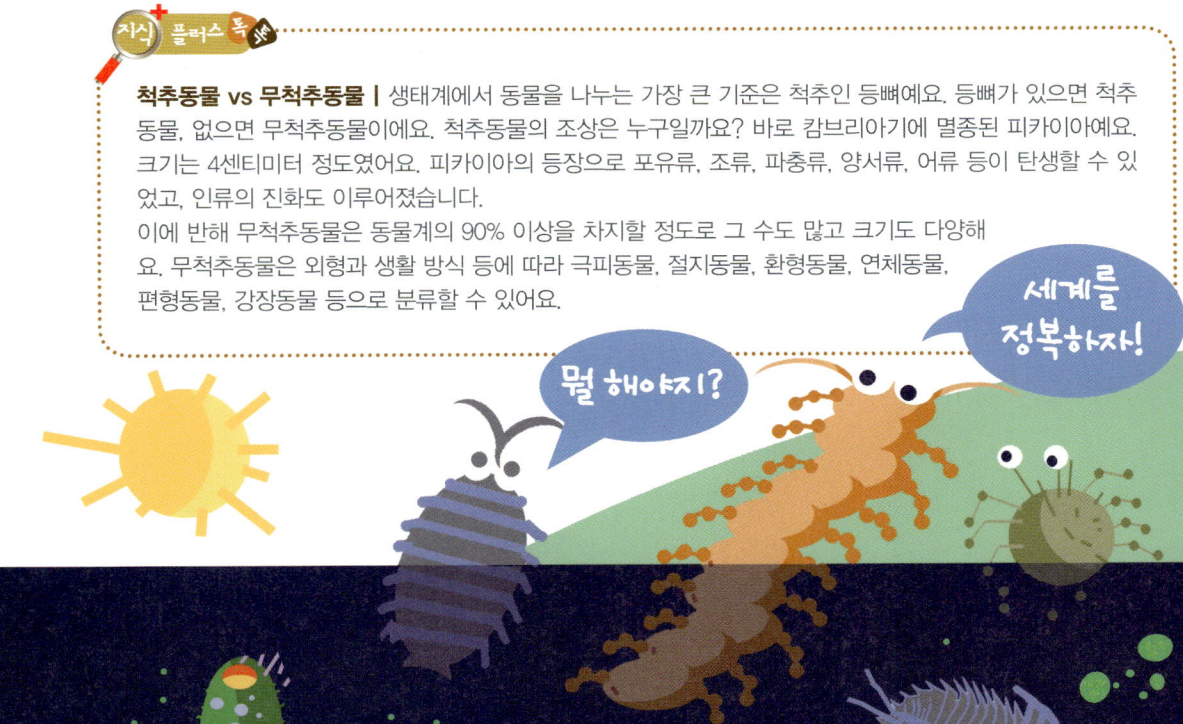

도와줘! 거대한 전갈들

방사능 | 방사능은 라듐이나 우라늄, 토륨 같은 원소의 원자핵이 붕괴하면서 방사선을 내보내는 걸 뜻해요. 프랑스의 물리학자 베크렐이 1896년에 처음 발견했고, 그 후 피에르 퀴리와 마리 퀴리 부부가 방사성 원소인 라듐과 폴로늄의 존재를 찾아내며 방사능 연구가 이어졌죠. 방사능에 노출된 생물은 세포가 파괴되거나 변형되기 때문에 목숨을 잃을 수도 있어요. 한때 지구 생명들을 사라지게 했던 방사능인 만큼 각별한 주의가 필요합니다.

모든 일이 잘 풀리는 듯했습니다. 나는 빙하기도 겪고 지진도 겪었습니다. 소행성도 평소처럼 정기적으로 내 위로 떨어져 내렸어요. 그렇지만 생명체들은 계속 늘어났어요. 바다에는 셀 수 없이 많은 새로운 생명체가 나타났습니다. 그들 중 일부는 육지를 정복하려고 나서기도 했어요. 그런데 예기치 않은 사건이 일어났어요.

태양으로부터 그다지 멀지 않은 곳에 있던 별이 폭발했습니다. 치명적인 **방사능**이 주변의 우주로 퍼졌어요.

나, 즉 여러분의 지구는 단단한 피부를 갖고 있어서 적은 양의 방사능에는 끄떡없었어요. 그러나 생명체들에게는 큰 재앙이었답니다. 방사능은 대부분의 살아 있는 생명체들을 죽였어요.

방사능은 지구의 역사 이래 최악의 멸종 사건의 원인이 되었고, 돌이킬 수 없는 피해를 입혔습니다.

후쿠시마 원전 사고 | 2011년 3월 11일 일본에서 발생한 원전 사고예요. 강도 9.0의 지진과 해일의 영향으로 후쿠시마 원자력 발전소가 멈추면서 방사능이 새어 나왔어요. 주민들이 신속히 대피했음에도 불구하고 암이나 백혈병 발병률이 급격히 늘어나는 등 아직도 피해가 계속되고 있어요.

그러나 누군가는 항상 살아남게 되지요!

바다전갈 | 가장 작은 바다전갈은 10센티미터 정도였지만 어떤 종은 인간보다도 큰 2.5미터까지 자랐어요. 바다전갈은 물속에서 긴 다리를 이용해 기어 다녔어요. 그 당시 가장 무서운 포식자로 2개의 짧은 집게발을 사용해 동물들을 잡아먹었죠. 그중 일부는 땅으로 올라와 폐로 호흡했어요. 그들은 고생대 초기의 캄브리아기부터 페름기까지 살다가 멸종되었습니다.

생명이 다시 태어났습니다. 우주 재앙에서 살아남은 생물체들은 어려움 가운데서도 다시 번식하며 새로운 형태로 만들어지기 시작했습니다.

난 변화하는 생명들 가운데 뼈가 있는 최초의 물고기 탄생을 목격했고, 그들이 바다와 대양을 채울 수 있도록 도왔어요. 등에 '밧줄'이 있는 그 이상한 벌레의 자손들이었습니다. 그 밧줄이 진짜 '척추'가 된 것이죠.

그러나 이들이 세상의 주인은 아니에요!

물속 세계는 끔찍한 바다 포식자들에 의해 지배되었어요. 길이가 2미터가 넘었고 다리는 8개나 달렸어요. 다리 끝에는 징그러운 집게발톱들이 달려 있었습니다. **바다전갈**이었죠. 가장 강하고 오만한 자들이었어요. 심지어 그들은 육지까지 침략하기 시작했어요.

지구에 닥친 큰 시련, 대멸종

군락 | 일정한 환경 안에서 서로 같은 무리끼리 떼를 지어 자라는 식물 집단을 가리켜요. 군락을 이루는 식물은 살고 있는 곳의 자연 환경에 큰 영향을 받는데 그중에서도 강수량과 온도의 영향이 절대적이지요. 강수량이 많은 곳은 삼림 군락을 이루고, 강수량이 적고 건조한 곳은 초원 군락이 생깁니다.

생명체들은 내 얼굴을 변화시키고 있었어요. 첫 떡잎을 내밀며 자라난 식물들은 호수나 강가의 촉촉한 땅에 군락을 이루었습니다.

하루하루가 빠르게 지나갔어요. 지금은 하루가 24시간이지만 당시는 20시간이 약간 넘었답니다. 달은 지금보다 지구에 더 가까이 있어서 더 커 보였습니다. 그리고 밀물과 썰물의 차이는 얼마나 컸던지 들어도 믿지 못할 거예요. 간조와 만조 때의 간만의 차가 무려 100미터나 되었으니까요!

썰물 때 드러난 땅과 바다 경계면에 살던 물고기들 중 일부는 육지에 자주 남아 머무르더니 결국은 걷기 시작했어요. 그러나 물 밖에 나와 살기란 만만치 않은 일이었죠.

공기는 너무 많았고, 이상한 식물도 있었어요. 전갈과 거대한 노래기들도 위협적이었죠. 그러나 그들은 돌연변이를 일으키며 적응했어요. 모든 것이 바뀌었지요. 육지에 생명체들이 많이 불어났습니다.

지식 플러스 톡

달의 영향을 받는 간조와 만조 | 바닷물의 높이가 높아진 때를 만조라고 하고, 물이 빠져 바닷물이 가장 낮아진 때를 간조라고 합니다. 이때의 높이 차이를 간만의 차라고 불러요.
지구는 23.5도 기울어진 자전축을 중심으로 돌면서 태양 주위를 공전합니다. 그런 지구 주위를 달이 공전하면서 지구를 끌어당기는 인력을 만들지요. 그래서 달과 가까운 바닷물은 달 방향으로 잡아당겨지면서 해수면의 높이가 높아져요. 반대로, 달 반대 방향의 바닷물도 달의 인력 영향력이 낮아지기 때문에 벗어나려는 힘이 생겨서 해수면이 높아져요. 그 영향으로 하루에 두 번씩 간조와 만조가 발생해요.

안녕! 우리 산책 좀 할까?

몇 년이 지났어요. 실제로는, 수백만 년이지요.

그런데 경험한 적이 없던 끔찍한 사건이 발생했어요. 그 사건으로 바닷속이나 육지에 살던 대부분의 생명체들이 영원히 사라져 버렸습니다. 내 머리 위로 떨어진 대형 소행성 때문이었어요. 소행성 충돌 후 갑자기 기후 변화가 왔을 수도 있고, 땅 밑에 있던 유독 가스가 새어 나왔을 수도 있었겠지요. 그 결과는 가슴 아픈 현실로 드러났어요. 그 시대에 살던 대부분의 동물들이 다시 사라지는 것을 봐야 했으니까요.

아아아!

도와주세요! 난 멸종되고 싶지 않아요!

두 번째 대멸종이 일어난 후에도, 생명체들은 서서히 다시 나타났습니다. 특히 땅 위의 식물들은 그 어느 때보다 더 활발하게 퍼져 나갔습니다. 이 시기를 여러분들은 석탄기라고 부르지요. 석탄기에 태어나고 죽은 식물의 대부분이 여러분이 지금도 사용 중인 석탄이 되었기 때문이에요.

지식 플러스 톡

다섯 번의 지구 대멸종 역사 | 지금까지 지구상 생물은 다섯 차례의 대멸종 사건을 겪었습니다. 첫 번째는 4억 3천만 년 전인 오르도비스기로 생물의 85%, 두 번째는 3억 6천만 년 전인 데본기로 생물의 70%가 사라졌습니다. 세 번째는 가장 많은 생물이 멸종된 시기로 2억 4천 5백만 년 전인 페름기예요. 바다 생물종은 95% 이상, 육지 생물종은 70% 이상이 멸종되었어요. 네 번째는 2억 8백만 년 전인 트라이아스기로 생물의 80%가 사라졌습니다. 마지막 대멸종은 6천 6백만 년 전인 백악기로 중생대 최고의 주인으로 행세하던 공룡도 갑자기 사라졌어요. 대멸종의 원인으로는 여러 가지 설이 있습니다. 화산 폭발로 많은 양의 이산화탄소가 공기로 녹아들면서 생태계가 파괴되었다는 견해가 대표적입니다. 급격한 지구 온난화 때문에 온도가 급상승한 것도 원인으로 주목받았어요. 우주에서 날아온 소행성 충돌에 의한 대멸종을 주장하는 견해도 있습니다.

물론 식물뿐만이 아니었어!

5장

생명을 품은 지구

양서류에서 파충류까지
공룡의 제국
사라진 공룡, 풍부해진 동물의 세계
드디어 만나게 된 인류

양서류에서 파충류까지

셀 수 없이 많은 습지대 덕분에 곤충들도 엄청나게 많이 살고 있었어요. 지금 여러분의 시대에도 곤충 수가 다른 생물들에 비해 가장 많을 거예요. 그러나 석탄기의 곤충들은 거대했답니다. 잠자리는 독수리만큼이나 컸고, 바퀴벌레는 전기다리미만 했어요. 그들은 최초의 날아다니는 동물이었습니다!

지식 플러스 톡

석탄기는 양서류의 시대 | 석탄기에는 큰 숲들이 많이 생겨나 다양한 식물들이 성장하기 좋은 환경이었습니다. 거대한 크기의 곤충류가 살았던 시기이기도 해요. 잠자리는 날개폭이 70센티미터가 넘는 종도 있었어요. 게다가 다양한 양서류가 활동하던 시기여서 '양서류의 시대'라고 부르기도 해요. 이 시기의 양서류는 천적이 없어 육지에서 자유롭게 활동하며 지구를 빠르게 점령해 갔어요. 덕분에 다양한 모습으로 진화했죠. 양서류도 큰 종은 5미터 넘게 자랐습니다. 데본기에 어류로부터 양서류가 진화했듯이, 양서류도 점점 진화해 파충류가 태어날 토대를 만들었어요.

한편, 땅에 첫발을 내딛은 물고기의 자손들은 사냥을 통해 물 밖에서도 먹이를 구할 수 있게 되었어요. 여러분은 그들을 양서류라고 부르지요. 땅에서 호흡하며 풀과 우거진 등걸 사이로 요리조리 다니는 걸 보는 일은 참 즐거웠어요. 그러나 그들은 여전히 **수생** 서식지에 의존했지요. 물에서 짝짓기를 하고, 물에서 알을 낳았어요. 그리고 물속에서 그 새끼들이 자랐어요. 오늘날의 올챙이들이 그렇게 하는 것처럼 말예요.

수생 | 물속에서 태어나거나 물속에서 살아가는 생물을 말해요.

양서류는 물에서 멀리 떨어져 살 수 없었어요. 그러다 차츰차츰 일부 후손들이 이 문제를 해결하기 시작했어요.

전혀 새로운 동물군이었습니다.

그들의 폐는 물 밖에서 호흡하기에 적합했고, 피부는 태양 광선에 견딜 수 있었습니다. 무엇보다도 알이 강한 껍데기를 갖게 되어 단단해졌어요.

껍데기는 곤충의 공격으로부터 태어나지 않은 아기를 보호했습니다. 이제 알들은 어디에 있든 심지어 사막에서도 안전해졌습니다.

파충류가 알을 안전하게 싸는 단단한 껍데기를 발명하자 파충류의 친척인 공룡과 새들도 이 방법을 쓰기 시작했습니다. 그러나 체온 조절을 위한 혁신적인 방법이었던 등에 불룩 솟아난 돛 같은 것은 좀 이상해 보였던지 알껍데기만큼은 성공적이지 못했어요. 새로운 사건들이 일어나자, 이런 혁신들은 구식이 되었고 잊혀져 갔습니다.

파충류의 체온 조절 | 파충류는 주위 온도에 따라 몸의 온도가 변하는 변온 동물이에요. 스스로 체온을 바꿀 수가 없어서 너무 추운 지방에서는 살 수 없죠. 밤보다는 기온이 높은 낮에 활동하기를 좋아해요. 체온이 낮아질 때는 햇볕이 잘 드는 곳을 찾아가 체온을 올립니다. 체온 유지를 위해 겨울잠을 자기도 하지요. 어떤 파충류들은 주위 온도에 따라 새끼의 성별을 결정해요. 거북의 한 종인 붉은바다거북은 알이 부화되는 시기의 온도가 29도 이하면 수컷, 그 이상이면 암컷으로 태어납니다.

공룡의 제국

대륙 이동설 | 독일의 물리학자 베게너는 지도에서 아메리카의 대서양과 아프리카의 해안선이 퍼즐처럼 맞춰지는 것을 보고 대륙이 하나였다가 점점 갈라졌다는 대륙 이동설을 주장했어요. 또한 같은 화석들이 남극과 아프리카, 남아메리카 등에서 공통적으로 발견된다는 점도 대륙 이동설의 주장을 뒷받침했죠. 빙하의 흔적이 아프리카나 인도, 오스트레일리아에서 발견되고 유럽과 북아메리카의 산맥을 이으면 쭉 이어진다는 점도 대륙 이동설의 증거예요. 대륙 이동설에 따르면 약 2억 5천만 년 후에는 대륙이 다시 한 덩어리가 된다고 해요.

그 시대에는 큰 대륙이 하나밖에 없었습니다.

판게아는 거대한 화산이 폭발하고 유독 가스가 터져 나오고 운석이 소나기처럼 내릴 때 형성되었어요.

상황이 잠잠해지자, 사막과 고사리 숲에서 전혀 새로운 생물체가 나타났습니다. 그들은 파충류였지만 매우 특이한 종이었어요. 뿔 모양의 돌기가 있는 단단한 피부와 육중한 꼬리를 가진 이상한 파충류였어요. 거대한 악어와 공룡이 나타난 거예요!

공룡은 바로 그 강력한 힘을 보여 줬지요.

나는 그토록 정신없이 난리 치는 불량배들을 이전에는 본 적이 없었어요. 처음에는 공룡의 수가 적었지만 금방 세상에 가장 널리 퍼진 동물이 되었습니다. 어디를 가든 공룡이 있었어요. 아주 크고 강한 공룡들도 있었고, 작은 공룡들도 있었습니다. 공룡들은 땅뿐만 아니라 바다도 침범했고 이윽고 하늘까지 점령했어요.

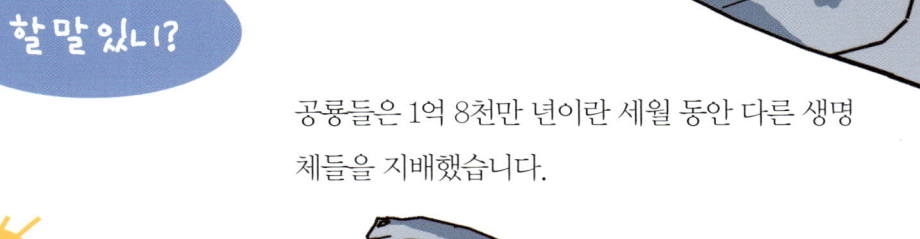

공룡들은 1억 8천만 년이란 세월 동안 다른 생명체들을 지배했습니다.

72

공룡은 초식 공룡과 육식 공룡, 잡식성 공룡이 있었어요. 하지만 그들 모두는 언제나 배가 고팠습니다. 공룡들은 끔찍하고 무서운 변화 속에서도 살아남았고, 새 대륙과 새 바다가 만들어질 때도 생존했습니다. 무적의 생명체들 같았지요.

사라진 공룡, 풍부해진 동물의 세계

그렇지만 공룡 시대도 막을 내렸습니다. 거대한 운석이 멕시코만 지역에 떨어졌어요. 그 충격으로 내가 겪은 고통은 이루 말할 수 없을 정도였어요. 폭이 120킬로미터나 되는 분화구가 만들어졌으니까요. 운석이 지구를 치면서 거대한 먼지를 발생시켰는데 그 먼지가 대기층으로 넓게 퍼져 나가 햇빛을 가로막았어요.

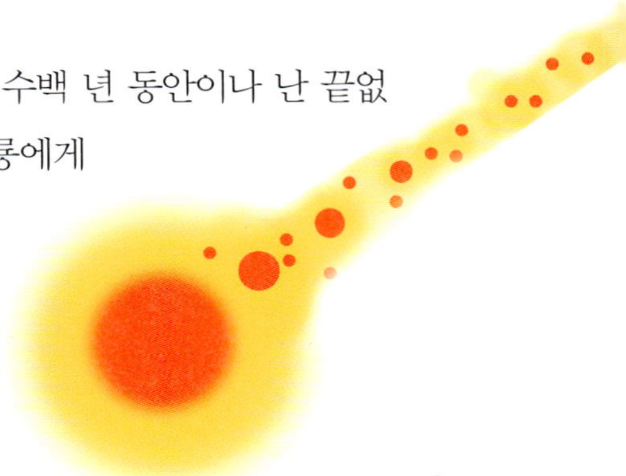

나는 추위에 갇히게 되었지요. 수백 년 동안이나 난 끝없는 잿빛에 싸여 있었어요. 공룡에게는 재앙이었어요. 생존하려면 빛과 따뜻한 온기가 필요하거든요. 게다가, 햇빛을 빼앗긴 식물들은 자라지도 열매를 맺을 수도 없었어요.

별똥별 | 유성이라고도 해요. 지구 대기권 밖에 있던 작은 암석이 지구의 중력에 의해 지구 대기권 안으로 끌려 들어와 빛을 내면서 떨어지는 현상이에요. 대부분은 대기를 지나면서 모두 타 사라지는데 규모가 큰 것들은 대기를 통과해 지상에 떨어져 거대한 구덩이를 만들기도 해요. 땅 위에 떨어진 것은 운석이라고 불러요.

그러나 몸집이 큰 파충류의 그늘 아래에서 수백만 년 동안 살아왔던 일부 동물들은 살아남을 수 있었습니다. 그중에는 새들이 있었어요. 새들은 그 후로도 오랫동안, 지금까지도, 가장 잘 살아온 생명체들이에요. 아무리 멀리 떨어진 섬이라도 새들은 날아가서 무리를 이뤄 사니까요.

생존자들 중에는 작은 포유동물이 있었어요. 눈에 띄지는 않았지만 새끼들에게 젖을 먹여 키우는 작은 생명들이었습니다.

그들은 크기가 쥐만 했어요. 땅을 파서 굴을 만들고 집을 지었어요. 그러나 호기심이 무척 많았고 아주 활동적이었어요.

별똥별이네?

소원을 빌자!

사바나 | 사바나는 스페인어로 '나무가 없는 들'이라는 뜻이에요. 탁 트인 넓은 초원에 키 큰 나무가 듬성듬성 있는 곳으로 일 년 내내 온도가 높아요. 사바나는 열대 기후 지역 중에서 우기와 건기가 매우 뚜렷해요. 건기에는 비가 내리지 않아 식물들이 제대로 성장할 수 없어요. 우기는 매우 더운 여름으로 단시간에 집중적으로 비가 내려요. 특히 아프리카의 사바나는 건기가 길고 우기가 짧기 때문에 생명력이 강한 나무만 살아남을 수 있죠. 그래서 늘 식량 부족에 시달려요. 전 세계적으로 아프리카, 남아메리카, 인도, 미얀마, 오스트레일리아 등지에서 찾아볼 수 있어요.

작고 수줍음 많은 그 포유류는 변화하며 적응했어요. 육지와 물속 서식지에까지 적응하며 종류도 놀라울 정도로 다양해졌어요. 동물계가 가장 풍부해졌답니다.

그들 중 일부는 육식성이 되고 일부는 초식성이 되었어요. 또 다른 일부는 여전히 아무것이든 다 먹었습니다. 그들은 **사바나**나 초원, 산림 등 어디든 가리지 않고 자리를 잡았어요. 심지어 바다에 사는 종도 보았답니다.

그들은 민첩하게 달렸습니다.

뿔 | 동물의 뿔은 대부분 단단하고 뾰족한 모양이에요. 다른 동물로부터 자신의 몸을 방어하거나 먹이를 차지하기 위해 싸울 때 효과적이죠. 뿔이 하나인 코뿔소 외에는 대부분 좌우 한 쌍의 뿔을 지녀요. 같은 동물이라도 뿔이 있는지 없는지에 따라 암수를 구별할 수도 있어요. 사슴은 보통 수컷만 뿔이 있고 암컷에는 없어요.

어떤 동물들은 거대한 **뿔**이 자라났습니다.

또 다른 동물들은 몸이 거대해졌어요.

많은 동물들이 멸종했습니다.

그런데 하나의 종이 특별히 내 관심을 끌었어요. 손이 네 개이고 꼬리가 없는 생명체였어요.

드디어 만나게 된 인류

그 꼬리 없는 생명체는 나무에서 내려와 매우 흥미로운 손자를 낳았답니다.

나는 그들이 여러 곳으로 이주하는 것을 보았어요. 바다를 항해하고, 산을 오르고, 초원을 경작하고, 땅을 개간하고, 도시를 건설하는 것을 보았습니다. 그들은 자연의 풍경도 바꾸었어요. 내가 동식물들과 하려면 수백만 년이 걸렸을 일이었지요.

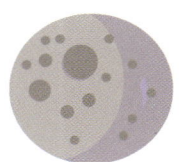

인류의 시작 | 최초의 인류는 약 300~150만 년 전에 살았던 오스트랄로피테쿠스로 추정돼요. 사람보다는 원숭이에 가까운 외형을 지녔지만 원숭이와 달리 두 발로 서서 걸어 다닐 수 있었고 그 덕분에 손을 자유롭게 사용해 간단한 도구를 사용했지요. 다음으로는 약 50만 년 전에 살았던 호모에렉투스예요. 먼 지역까지 이동했던 호모에렉투스는 불과 언어를 사용할 줄 알았어요. 다음 인류인 호모 사피엔스는 '슬기로운 사람'이라는 뜻으로 지금으로부터 약 20만 년 전에 살았던 인류를 뜻해요. 사람이 죽으면 땅에 묻기도 하는 등 지금의 우리 모습과 아주 흡사했어요.

바로 여러분이에요. 인류란 종족, 여러분이 호모 사피엔스라고 부르기 시작한 종이랍니다.

얼마 전부터 여러분은 나를 위에서 바라보기 시작했습니다. 로켓과 우주선을 타고 우주 공간에 간 것이지요. 인공위성을 발사하고 우주 정거장을 만들어 그곳에서 살며 일하고 있어요.

화성 탐사의 역사 | 화성은 태양계의 4번째 행성으로 지구와 가장 비슷한 환경을 지녔어요. 지구처럼 계절 변화가 생기고, 극지방에는 얼음이 있어요. 물이 흘렀던 흔적도 있죠. 화성의 하루는 24시간 37분, 1년은 687일이에요. 자전축도 지구의 23.5도와 비슷한 25도라고 해요. 여러 나라들이 지구와 비슷한 생명체를 찾기 위해 무인 탐사선을 화성으로 보냈어요. 1971년, 소련에서 보낸 무인 탐사선 '마스 3호'가 처음으로 화성 착륙에 성공했죠. 1976년에는 미국 무인 탐사선 '바이킹 1호'가 착륙에 성공해 화성 표면을 조사하는 등 지금까지도 화성으로 계속 탐사선을 보내고 있습니다. 2004년 1월 25일, 화성 평원에 도착한 탐사 로봇 '오퍼튜니티'는 예상 수명을 훌쩍 넘겨 14년이 지난 시점까지도 화성을 탐사 중이에요. 다가오는 2030년에는 미국을 중심으로 여러 나라가 연합해 공동 유인 탐사선을 보낼 계획이라고 합니다.

여러분은 달에도 착륙했지요. 덕분에 달이 지구의 일부라는 사실도 알아냈습니다.

이제 여러분은 화성을 시작으로 금성과 목성의 위성 등 다른 행성들도 찾아가고 있습니다. 계속 우주 정복을 꿈꾸고 있지요. 그러나 어디를 가든, 태양 가까이든 멀리든, 또는 태양계 안이든 태양계 너머든, 나는 항상 당신의 가이아예요. 바로 어머니, 지구랍니다.

하나뿐인 가장 소중한 존재죠.

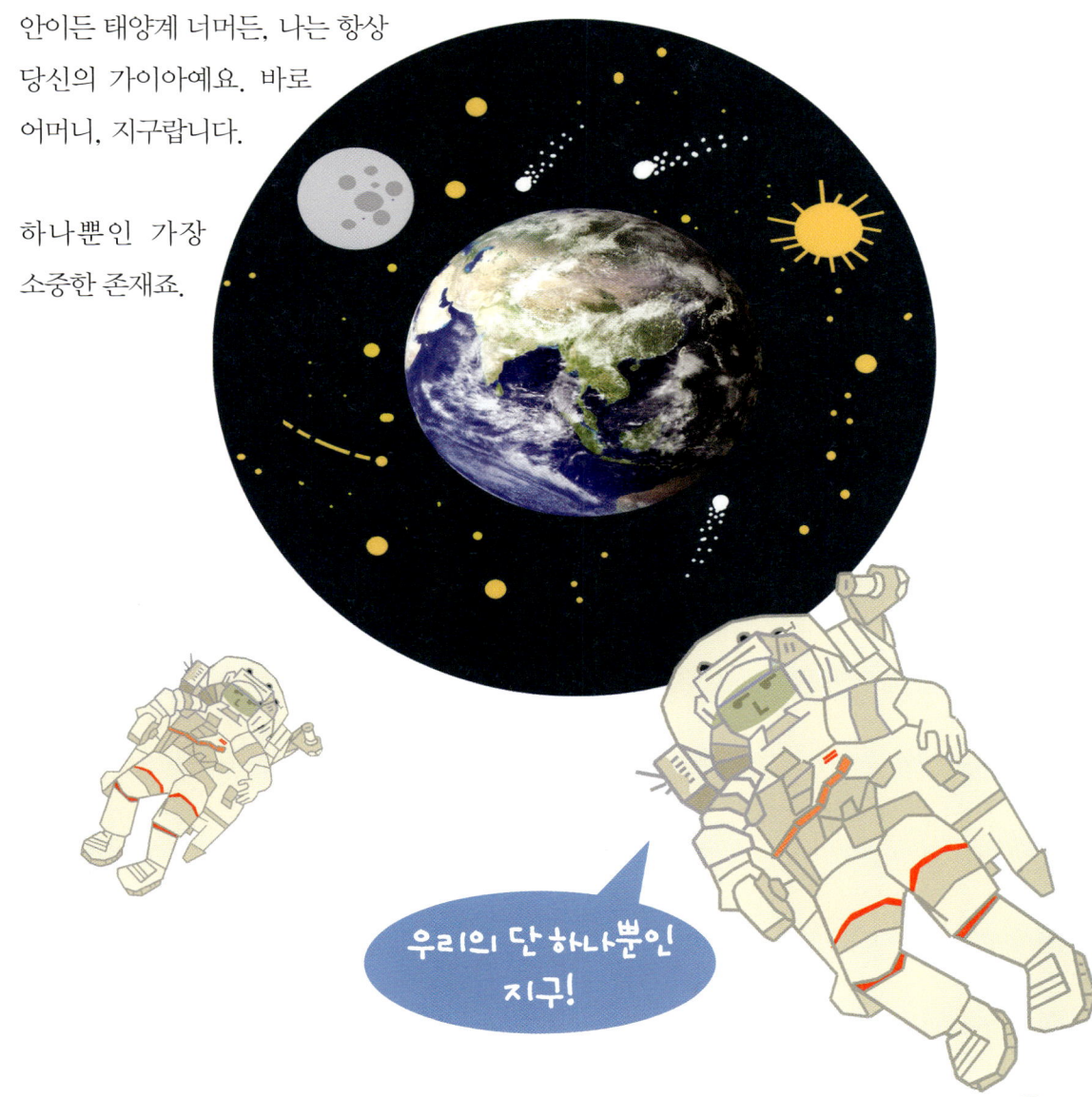

우리의 단 하나뿐인 지구!

"지구가 인간의 것이 아니라 인간이 지구의 일부분입니다.
우리는 이것을 알고 있습니다."

— 위대한 인디언 추장 시애틀이 미국 대통령에게 보낸 편지에서(1854) —

캐릭터와 출연자를
소개합니다!

가이아

이 책의 주인공 가이아예요. 가이아는 그리스 신화에 등장하는 여신으로 '대지'를 담당해요. 누군가의 몸을 빌려 태어난 존재가 아니라 탄생부터 완성된 신이었지요. 그래서 가이아는 고대 사람들에게 '만물의 어머니'이자 '창조의 어머니'로 불렸어요. 여러분에게는 행성인 지구를 뜻하지요.

아주 따뜻한 마음

겉보기에는 마냥 귀엽지만 속은 이글이글 불타는 용암 지옥이에요. 지구의 대륙과 바다가 용암을 덮어 주고 있어요. 화산이 폭발할 때 타오르는 불꽃을 본 적이 있을 거예요. 지하에 액체 상태로 녹아 있던 마그마가 흘러나오면 용암이 되는 거지요. 화산에서 나오는 용암의 온도는 대략 700도에서 1,200도 사이예요. 용암이 식으면 제주도의 용두암이나 일본의 후지산처럼 멋진 자연 경관을 탄생시키기도 하죠.

귀여운 딸 같은 달

위성이란 행성의 둘레를 공전하는 천체를 뜻하는데 달은 지구의 유일한 위성이에요. 우주 공간으로 날아간 지구의 조각에서 탄생했죠. 1969년에 우주인이 달에 착륙하면서 그 사실이 밝혀졌어요. 달은 약 30일을 주기로 서쪽에서 동쪽으로 공전하며 지구를 돌아요. 지름도 지구의 4분의 1 크기에 불과하고, 중력도 지구의 6분의 1정도예요. 대기는 가지고 있지 않아요. 대기가 없는 탓에 달의 온도는 낮에는 130도, 밤에는 영하 130도까지 떨어져요. 그 차이가 너무 커서 생명체는 살 수 없어요.

원자

모든 물질은 원자로 만들어졌어요. 크기와 속성에 따라 우주에는 수백 가지 유형이 있습니다. 그것들을 화학 원소라고 불러요.

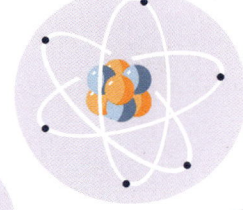

분자

원자는 혼자 있는 것보다 뭉쳐서 단위를 만드는 걸 좋아해요. 이것을 분자라고 불러요. 분자는 분자량에 따라 작기도 하고 매우 클 수도 있어요.

원시 수프

최초의 거대 분자가 성장하고 번식할 수 있는 지구 환경이 만들어졌어요. 이 환경을 원시 수프 즉, 원시 상태의 국물이란 뜻이에요. 이 수프를 조리하기 위해서는 혜성과 번개 그리고 따뜻한 물이 필요해요.

검은 연기를 뿜는 자

바다 밑에 생긴 화산은 입구에서 다양한 가스 거품과 끓는 물을 내뿜어요. 이 근처에는 햇빛 없이도 살 수 있는 이상한 생명체들이 살았고, 오늘날까지도 살아남아 있답니다.

세포

세포는 생명체를 구성하는 가장 작은 단위예요. 모든 살아 있는 생명체는 식물이든 동물이든 세포로 이루어져 있어요. 인간의 몸은 약 60조 개의 세포로 만들어졌어요. 세포가 모여서 우리를 탄생시킨 것이죠. 세포는 체세포 분열과 생식세포 분열 두 가지 방식으로 분열해요. 체세포는 몸을 구성하는 세포로서, 체세포 분열을 통해 똑같은 유전 정보를 가진 딸세포를 만들어요. 그 결과 우리를 구성하는 수많은 세포가 같은 유전 정보를 가지게 돼요. 반면 생식세포는 정자와 난자를 만드는 세포로서, 생식세포 분열은 다양한 유전 정보를 가진 정자와 난자를 만드는 데 필요해요.

모든 생물의 공통 조상

지구상의 모든 생명체는 하나의 조상으로부터 진화했어요. 영어로는 Last Universal Common Ancestor, 줄여서 LUCA라고 불러요. 진화론을 주장한 영국의 생물학자 찰스 다윈이 자신의 책 『종의 기원』에서 이 이론을 언급했죠. 다윈은 생명체의 기원이 되는 세포가 있다고 주장했어요.

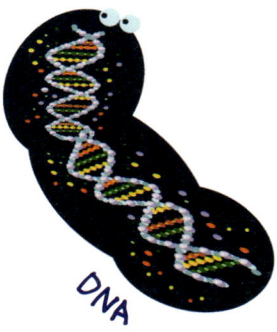

엽록소

광합성을 할 때 중요한 작용을 하는 녹색의 커다란 분자예요. 클로로필이라고도 불리죠. 햇빛을 에너지원으로 사용해 이산화탄소를 당분과 산소로 바꾸는 역할을 해요.

단세포 조류의 종류

조류는 물에 살면서 엽록소라는 광합성 색소를 가지고 광합성을 합니다. 대부분 단순한 외형을 가졌고 꽃이나 열매를 맺지 않고 포자에 의해 번식해 하등식물이라고 불려요.

조류는 생활 방식에 따라 단단한 바위나 바닥 같은 데 붙어사는 저서성 조류와 물에 떠다니며 생활하는 부유성 조류로 나뉩니다. 저서성 조류로는 주변에서 흔히 볼 수 있는 김, 미역, 다시마, 파래가 해당되지요. 반면 부유성 조류는 아주 작아서 현미경으로만 볼 수 있어요. 식물플랑크톤이라고도 불리죠. 식물플랑크톤은 바다 동물들의 먹이가 되어 주기 때문에 바다에서 가장 중요한 생물 중 하나랍니다.

눈덩이 지구

아마 지구가 겪은 가장 거대한 빙하기였을 거예요. 빙하의 두께가 수천 미터였고, 적도까지 빙하로 뒤덮였거든요.

세포 집단

같은 종의 단세포 생물이 많이 모여 이루어진 집단이에요. 보통은 젤라틴 덩어리로 뭉쳐져 있어요. 가장 원시적인 형태의 다세포 물체예요. 어려운 과학 용어로는 세포군체라고도 불러요.

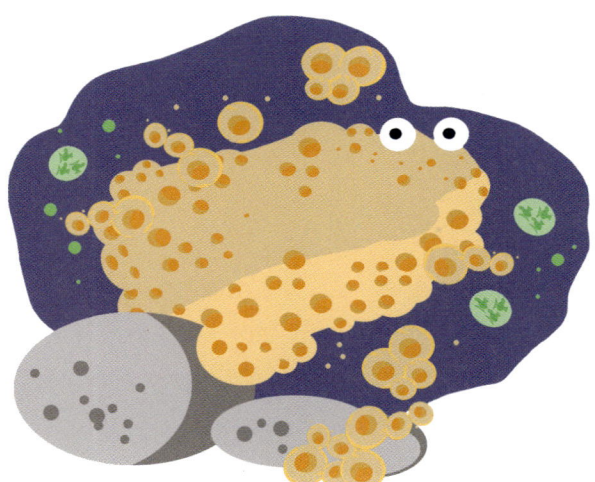

해면

이 생물체의 학명은 '포리페라'로 '숨구멍'을 의미해요. 지구상에 처음으로 등장한 동물이었답니다.

삼엽충

5억 2천만 년에서 2억 5천만 년 사이에 지구 곳곳에 널리 퍼져 있던 바다 생물이에요. 이들의 외골격인 겉껍질은 머리-가슴-꼬리 세 부분으로 나뉘어 있었어요. 그러나 왕성하게 번식하던 삼엽충도 멸종되어 이제는 화석으로만 만날 수 있어요.

거대한 포식자

아노말로카리스, 발음하기 어려운 이름을 가진 고대의 해양 동물은 5억 5천만 년 전의 바다를 지배했어요. 갑각류와 곤충류가 속하는 절지동물처럼 단단한 껍질로 덮여 있죠. 최대 70센티미터까지 자랐고, 삼엽충이나 피카이아를 부수어 먹었어요.

피카이아

등줄기에 밧줄과 비슷한 모양의 등뼈가 있는 벌레 종류예요. 척삭동물의 먼 조상으로 나중에는 척추동물이 되었답니다.

물고기

물고기는 오늘날까지 세계에 가장 널리 퍼져 있는 척추동물이지요. 몸속에 골격이 있는 최초의 동물이었답니다.

절지동물과 곤충

오늘날까지 지구상에서 가장 널리 퍼진 동물로 백만 가지가 넘는 종이 발견되고 있답니다. 석탄기에는 산소가 풍부한 대기 덕분에 삼림도 울창했고, 절지동물들도 엄청나게 컸어요. 절지동물은 등뼈가 없는 대신 몸을 보호하기 위해 단단한 외골격으로 덮여 있어요. 다리 수에 따라 곤충류, 거미류, 갑각류, 다지류 4가지로 구분됩니다.

사마귀와 개미, 모기 같은 곤충류는 3쌍의 다리와 머리, 가슴, 배의 세 부분으로 나뉘며 절지동물의 절반 이상을 차지해요. 거미류는 4쌍의 다리를 가지며 크게 머리가슴과 배 두 부분으로 구분돼. 거미류는 몸에서 실을 뽑아 거미줄로 먹이를 사냥하며 살아가죠. 다지류는 다리가 많은 지네와 노래기 등을 일컫는데 머리와 몸통으로 구분돼요. 몸통 마디마다 1쌍 또는 2쌍의 다리가 있고 대부분 습기가 많은 축축한 곳에서 발견되지요. 갑각류는 게, 새우처럼 물속에 살며 5쌍의 다리가 있습니다.

물 밖으로 나온 물고기

땅 위를 걷는 최초의 척추동물이었어요. 서툴게나마 잠깐씩 물 밖에서 걷다가 재빨리 물속으로 다시 들어가곤 했어요.

양서류

물고기의 자손들로 개구리나 두꺼비, 도롱뇽 등이 있어요. 새끼 때는 물에서 아가미로 호흡하지만 성장하면 폐와 피부로 호흡하며 땅에서도 살 수 있어요. 알은 물속에 낳습니다.

석탄기

3억 6천만 년 전부터 3억 년 전 사이의 시기를 석탄기라고 불러요. 석탄기에는 대규모의 울창한 숲들이 많이 생겨났어요. 이 시기의 나무들이 땅에 묻혀 오랜 세월 쌓이면서 거대한 석탄 매장지로 변했어요. 오늘날 우리가 사용하는 석탄은 이 시기의 선물이에요.

파충류

양서류의 자손이 파충류랍니다. 파충류는 물 밖에서 살 수 있고 알도 땅에서 낳을 수 있어요. 원시 파충류에서 포유동물과 새가 생겨났어요.

대멸종

대부분의 살아 있는 종들이 동시에 죽음에 이른 사건을 대멸종이라고 합니다. 지구 역사에서 적어도 다섯 번의 아주 극적인 대멸종 사건이 있었어요.

판게아

판게아란 '모든 땅'을 의미하는 그리스어에서 나온 말이에요. 하나의 거대한 대륙이 물 위로 떠올랐는데 그 땅들은 모두 연결되어 있었지요. 판게아는 1억 8천만 년 전에 갈라지기 시작해 오늘날 우리가 알고 있는 대륙들이 되었답니다.

아르헨티노사우루스

지구에서 살았던 가장 큰 공룡입니다. 아르헨티나에서 이 공룡의 화석이 발견된 덕분에 아르헨티나의 명칭을 붙여 이름을 지었어요. 남아메리카에 살았던 초식 공룡으로 몸길이는 트레일러트럭만큼이나 길었고, 키는 3층짜리 집만큼이나 컸습니다.

티라노사우루스 렉스

겉모습에서도 크기에서도 가장 무시무시한 육식 공룡이었답니다. 티라노사우루스는 '폭군 도마뱀'이라는 뜻이며, 렉스는 '왕'이라는 뜻이에요. 몸길이는 최대 14미터, 몸무게는 최대 7톤까지 나갔어요. 특히 두껍고 날카로운 60개의 이빨이 있는 턱은 무는 힘이 매우 강했다고 해요. 영원할 것 같던 이 공룡도 6천 5백만 년 전의 대멸종 시기에 많은 다른 종들과 함께 지구에서 사라졌어요.

포유류

포유류는 파충류가 진화하면서 탄생했어요. 인간을 포함해서 사슴, 원숭이, 돼지, 호랑이, 말, 다람쥐 등이 모두 포유류예요. 포유류는 알을 낳는 대신 어미의 배 속 자궁에서 일정 기간 새끼를 키운 후 출산하는 동물이에요. 새끼들은 어미의 젖을 먹고 자라지요. 턱이 발달되어 딱딱한 먹이도 씹을 수 있고, 다른 종보다 훨씬 진화되어 똑똑하고 신체도 발달되었어요. 6천 5백만 년 전의 그들은 생쥐처럼 작아서 땅에 구덩이를 파 살았어요. 그 덕분에 공룡이 모두 멸종한 시기에도 무사히 살아남은 종이 되었지요.

고래와 말

포유류는 6천 5백 만년 동안 서식지 환경에 따라 돌연변이를 일으키며 적응했습니다. 그리하여 오늘날 5천 종 이상의 포유류가 되었어요. 바다에 사는 고래뿐만 아니라 네 발로 힘차게 초원을 달리는 말, 인류의 조상인 호모 사피엔스까지 모두들 환경에 적응한 포유류들이에요.

진화

현재 살아 있는 모든 생명체들이 되기까지의 종들의 변화 과정을 진화라고 해요. 지구상에 인류가 나타난 것도 진화의 결과랍니다. 미래에 태어날 진화된 종은 무엇일까요?

지금까지 고마웠어, 가이아!

호기심과 창의력 해결을 위한
STEAM 읽기

별의 탄생과 소멸 이야기

　하늘에서 반짝이는 신비로운 별들도 지구 생명체처럼 탄생과 죽음의 단계를 거친답니다. 별이 탄생하는 곳은 어디일까요? 별은 가스와 먼지가 모여 구름처럼 되어 있는 성운이라는 곳에서 태어납니다. 성운은 모양에 따라서 암흑성운과 발광성운, 반사성운으로 나눌 수 있습니다. 암흑성운은 가스와 먼지가 뒤에서 오는 별빛을 가려서 어둡게 보이는 성운으로 스스로 빛을 내지 않아요. 말머리처럼 생긴 말머리성운이 대표적이죠. 발광성운은 주변에 있는 높은 온도의 별에서 나오는 에너지를 받아 먼지나 가스들이 가열되어 스스로 빛을 내는 성운이에요. 오리온성운이 가장 유명하죠. 반사성운은 스스로 빛을 내는 것이 아니라 주위의 별빛을 반사해서 빛이 나는 성운이에요.

말머리성운(Ken Crawford 제공) : 말의 머리 모양처럼 생겼다고 해서 말머리성운이라고 부릅니다. 지구로부터 약 1600광년 거리에 있는 암흑성운이에요.

오리온성운(NASA 제공) : 지구로부터 약 1500광년 정도 떨어져 있는 발광성운이에요. 지금도 별을 계속 만드는 것이 관측되고 있어요.

이런 성운은 가스와 먼지가 점점 더 많이 모여 뭉치면 회전하기 시작해요. 그럼 중심부의 온도가 400만 도 이상까지 올라가게 되고 열을 밖으로 내뿜지요. 그 순간 원시별이 탄생한답니다. 원시별은 계속 가스와 먼지를 흡수하며 점점 더 커져요. 그러다가 수소를 다 태우면 헬륨을 쌓기 시작해요. 그러면서 별도 점점 나이를 먹기 시작합니다.

별은 질량에 따라 마지막 모습이 달라진답니다. 질량이 적은

블랙홀(ESO 제공) : 태양 질량보다 30배 정도 무거운 별이 폭발하면 중력이 무한대로 커지면서 모든 물질을 빨아들이는 블랙홀로 변해요.

별은 수명이 수백억 년이나 되지만 질량이 큰 별은 수백만 년에 불과하죠. 질량은 중력의 영향을 받아요. 질량이 크면 중력의 세기도 커져서 에너지를 많이 사용하기 때문에 더 짧은 생을 보내는 것이죠.

태양과 비슷한 질량의 별은 적색 거성이라고 해요. 바깥쪽이 부풀어 오르고 표면 온도도 내려가 붉어지는 것이지요. 대다수의 별은 이처럼 적색 거성으로 성장하다가 가스가 우주로 모두 날아가고 중심 부분만 남으면 다시 작아져요. 백색 왜성이 되어 늙어 가다가 생을 마감하는 것이죠.

그러나 질량이 큰 별들은 초신성 폭발을 한 뒤 다른 형태로 변합니다. 초신성은 질량이 큰 별들이 진화하는 마지막 단계이죠. 별의 온도와 압력이 줄어들면서 갑자기 수축하게 되고 많은 물질들을 내보내면서 폭발합니다. 이때 태양보다 질량이 10배 정도 무거운 별은 중심부에 무거운 물질만 남아 중성자별을 만듭니다. 중성자별은 강력한 자기장을 가지고 있어 전파를 내보내는 것으로 알려졌어요. 태양 질량보다 30배 정도 무거운 별은 초신성 폭발을 하면서 중력이 더욱 커져 빛까지 빨아들이는 블랙홀로 남습니다.

지구를 지배했던 공룡 이야기

파충류에서 진화한 공룡은 중생대를 지배했던 거대 동물입니다. 트라이아스기에 처음 나타난 공룡은 점점 종류도 다양해졌고 백악기에는 그 수도 폭발적으로 늘어났어요. 그러다 백악기 말에 모두 멸종되고 말았죠.

공룡이 살던 당시의 지구는 지금보다 훨씬 따뜻했답니다. 그 덕분에 공룡들은 많은 양의 식물과 영양분을 섭취하며 점점 커질 수 있었죠. 초식 공룡은 거대한 몸집을 자랑했어요. 초식 공룡이 많아지면서 육식 공룡도 늘어났어요.

공룡을 종류별로 살펴볼까요? 일반적으로 공룡은 좌골과 치골로 이루어진 엉덩이뼈의 생김새를 기준으로 나누어요. 새의 엉덩이뼈를 닮아 좌골과 치골이 나란히 뒤를 바라보면 조반류, 좌골과 치골이 'ㅅ'자 모양이면 용반류입니다. 조반류의 대표 공룡은 이구아노돈, 트리케라톱스, 트라코돈, 스테고사우루스 등이며, 모두 초식 공룡입니다. 반대로 용반류의 대표 공룡은 티라노사우루스, 벨로키랍토르, 알로사우루스 등이에요. 특히 용반류 공룡은 용각류와 수각류로 분류되는데 육식 공룡은 수각류 공룡에 속합니다.

하늘을 나는 익룡과 물에 사는 어룡도 공룡으로 착각하기 쉬운데 공룡은 땅에 사는 파충류만을 뜻한답니다.

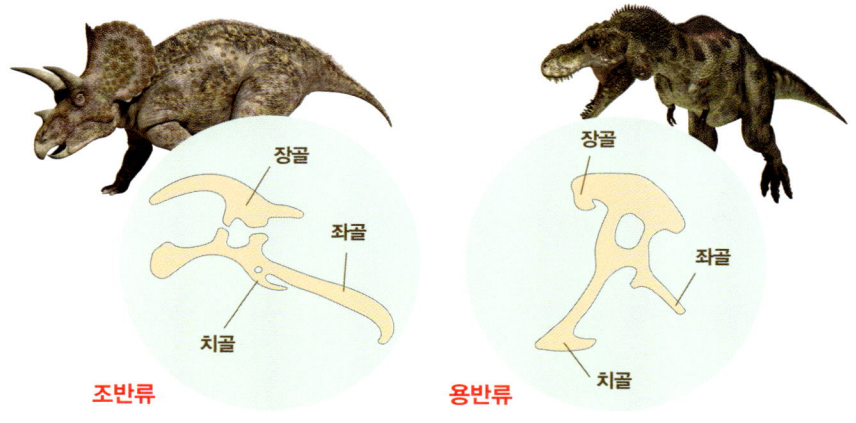

조반류   용반류

한반도의 공룡 이야기

코리아케라톱스 : 얼굴에 뿔이 달린 공룡으로 몸길이는 230센티미터 정도였어요.

　우리나라 지층은 다양한 공룡이 살던 백악기 시대의 것으로, 그동안 많은 수의 공룡 알과 공룡 뼈, 공룡 발자국이 발견되었습니다.
　1972년 경남 하동에서 공룡 알이 처음 발견되었고, 1982년 경남 고성군의 해안에서는 1,500개가 넘는 공룡 발자국이 발견되었어요. 10센티미터도 안 되는 새끼 발자국과 100센티미터가 넘는 거대 공룡 발자국이 함께 발견되어 세계적으로 큰 주목을 받았지요.
　초기에는 대부분 작은 공룡 뼛조각만 발견되다가, 2008년에는 경기도 화성에서 완벽한 형태의 공룡 척추와 다리뼈 등이 발견되었어요. 연구 결과, 세 개의 뿔과 넓은 주름장식을 가진 트리케라톱스의 조상으로 밝혀져 코리아케라톱스 화성엔시스라는 이름을 붙였어요. 우리나라는 1990년대에 수많은 공룡 화석들이 발견되면서부터 공룡 연구가 활발해졌습니다. 다양한 익룡과 파충류들의 화석 연구를 통해 당시 한반도가 공룡들이 살기 좋은 터전이었다는 점을 알 수 있어요.

"지구에 살다가 이대로 지구를 떠나는 것이
우리가 할 수 있는 최고의 예술이다."

― 앤디 워홀 ―

Ciao, sono Gea

Copyright © 2016 Francesco Brioschi Editore srl

Published by Valentina Edizioni, a trademark of Francesco Brioschi Editore srl(via santa Valeria 3, 20123 Milano)

Original title: *Ciao, sono Gea*

Text and illustration by Luca Novelli

All rights reserved.

No part of this publication may be reproduced, stored in retrieval system, or transmitted in any form or by any means, electronic, mechanical photocopying, recording, or otherwise, without the prior written permission of the Licensor.

Korean Translation Copyright © 2018 by Max Education(Sangsuri) Co. Ltd.

Published by arrangement with Agenzia Servizi Editoriali,

through BC Agency, Seoul.

이 책의 한국어판 저작권은 BC 에이전시를 통한 저작권자와의 독점 계약으로 (주)맥스교육(상수리)에 있습니다.
신 저작권법에 의해 한국 내에서 보호를 받는 저작물이므로 무단 전재와 무단 복제를 금합니다.

글·그림 | 루카 노벨리
옮김 | 박서경

1판 1쇄 발행 | 2018년 6월 25일
1판 2쇄 발행 | 2020년 9월 15일

펴낸이 | 신난향
편집위원 | 박영배
펴낸곳 | (주)맥스교육(상수리)
출판등록 | 2011년 08월 17일(제321-2011-000157호)
주소 | 서울특별시 서초구 마방로2길 9, 보광빌딩 5층
전화 | 02-589-5133(대표전화) 팩스 | 02-589-5088
홈페이지 | www.maxedu.co.kr 블로그 | blog.naver.com/sangsuri_i

기획·편집 | 김사랑
디자인 | 유지현
영업·마케팅 | 백민열
경영지원 | 장주열

ISBN 979-11-5571-586-4 (74400)
　　　 979-11-5571-527-7 (세트)
정가 12,000원

* 이 책의 내용을 일부 또는 전부를 재사용하려면 반드시 (주)맥스교육(상수리)의 동의를 얻어야 합니다.
* 이 책에 사용된 사진은 위키피디아, 클립아트코리아에서 얻었습니다.
* 내용 가운데 일부는 상수리출판사 STEAM 연구팀에서 전문가의 도움을 받아 수록하였습니다.
* 이 도서의 국립중앙도서관 출판예정도서목록(CIP)은 서지정보유통지원시스템 홈페이지(http://seoji.nl.go.kr)와
  국가자료공동목록시스템(http://www.nl.go.kr/kolisnet)에서 이용하실 수 있습니다. (CIP제어번호 : CIP2018017024)
* 잘못된 책은 구입한 곳에서 바꾸어 드립니다.

어린이제품안전특별법에 의한 제품 표시
제조자명 (주)맥스교육(상수리) \ **제조국** 대한민국 \ **제조년월** 2020년 9월 \ **사용연령** 만 1세 이상 어린이 제품